治国理政思想方法
十 讲

董振华 等 著

人民出版社

目　录

序　言

治国理政需要解决好
"桥"和"船"的问题

习近平总书记系列重要讲话，运用辩证唯物主义和历史唯物主义的世界观和方法论，既部署"过河"的任务，又指导如何解决"桥"和"船"的问题，贯穿了科学的思想方法和工作方法，为我们认识问题、分析问题和解决问题提供了有效的方法和"钥匙"。学习习近平总书记系列重要讲话精神，既要深入理解讲话提出的新理念新思想新战略，又要着力把握讲话体现的科学思想方法和工作方法。方法问题本质上也是世界观问题。有什么样的世界观，就有什么样的方法论。2015 年 1 月 23 日下午，习近平总书记主持中共中央政治局第二十次集体学习时强调："辩证唯物主义是中国共产党人的世界观和方法论，我们党要团结带领人民协调推进全面建成小康社会、全面深化改革、全面依法治国、全面从严治党，实现'两个一百年'奋斗目标、实现中华民族伟大复兴的中国梦，必须不断接受马克思主义哲学智慧的滋养，更加自觉地坚持和运用马克思主义发展的世界观和方法论，增加辩证思维、战略思维能力，努力提高解决我国改革发展基本问题的本领。"[①] 习近平总书记系列

[①]　转引自孙正聿、高超：《辩证唯物主义（党员干部读本）》，人民出版社 2015 年版，第 97 页。

重要讲话贯穿的科学思想方法和工作方法，是在新的时代条件下对马克思主义世界观方法论的继承与发展。深入学习贯彻以习近平同志为核心的党中央治国理政的新理念新思想新战略，最根本的是学习其中所贯穿的科学世界观和方法论，自觉运用马克思主义的基本立场、观点和方法分析问题和指导工作。

一、思想方法与工作方法

整个人类活动大致可以分为两类：一类是认识世界；另一类是改造世界，也就是中国传统文化中的知和行的关系问题，即知行观。认识世界和改造世界，这两种活动不可能完全分开，即认识和实践不能割裂，两者往往是一个过程的两个方面。思想方法和工作方法不是完全相同的命题。思想方法是认识方法，工作方法是实践方法，二者侧重点不同。但二者也不可能割裂，有什么样的世界观就有什么样的方法论，以什么样的认识方法认识世界，相应地就会用什么样的工作方法改造世界。

认识世界不是目的，认识世界的目的归根结底在于改造世界，但是有效改造世界必须以正确认识世界作为前提。在认识世界的时候，通常有两个判断：一个是事实判断；另一个是价值判断。事实判断回答的是"是或不是"，即是非问题；价值判断回答的是"该或不该"，即利弊问题。事实判断服从唯物论的原则，同人们主观意愿没有关系，不以人的喜怒哀乐为转移，不管你喜欢不喜欢、愿意不愿意、高兴不高兴都不能改变事实。唯一不同的是，人们的认识是符合事实还是不符合事实，符合事实的就是"真"，不符合事实的就是"假"，符合事实的就是"是"，不符合事实的就是

"非"。然而，对同一个事实不同的人甚至可以作出完全不同的价值判断，可谓"仁者见之谓之仁，智者见之谓之智"，因为每个人具有不同的价值判断标准。事实判断对应的是经验世界，即实然世界，也就是要搞清楚这个世界"实际"是什么样子；价值判断对应的是超验世界，即应然世界，也就是要搞清楚这个世界"应该"是什么样子。二者不可能重叠，也不可能割裂，换句话说，二者不能不连接，也不能直接连接。那么，如何将两者连接起来呢？显然，两个世界的连接需要一个桥梁和中介，这就是改造世界，即人们的实践活动。

我们可以看到，人类所有活动都涉及两个方面：认识世界和改造世界。认识世界分别指向此岸世界和彼岸世界，形成了事实判断和价值判断。两个判断分别对应着我们的现实和理想。在现实和理想之间，有一座桥梁，这就是改造世界。事实判断服从唯物论，根据唯物论，一切从实际出发，实事求是，找到和掌握工具理性。价值判断服从唯物论，根据价值论，仰望星空，不迷失方向和价值，找到价值理性。在事实和价值之间、现实和理想之间、实然和应然之间、此岸和彼岸之间，根据实践论，遵循辩证法，运用正确的思想方法和工作方法，不断正确认识世界和有效改造世界，在实践中不断实现"真""善""美"的统一。

二、唯物论与实事求是

实事求是，一切从实际出发，是马克思主义的精髓。习近平总书记指出："实事求是，是马克思主义的根本观点，是中国共产党人认识世界、改造世界的根本要求，是我们党的基本思想方法、工作方法、领导方法。不论过去、现在和将来，我们都要坚持一切从实际出发，理论联系实际，在实践中检验真理和发展真理。"①

坚持实事求是，就要深入实际了解事物的本来面貌。要透过现象看本质，从零乱的现象中发现事物内部存在的必然联系，从客观事物存在和发展的规律出发，在实践中按照客观规律办事。坚持实事求是不是一劳永逸的，在一个时间一个地点做到了实事求是，并不等于在另外的时间另外的地点也能做到实事求是，在一个时间一个地点坚持实事求是得出的结论、取得的经验，并不等于在变化了的另外的时间另外的地点也能够适用。我们要自觉坚定实事求是的信念、增强实事求是的本领，时时处处把实事求是牢记于心、付诸于行。

坚持实事求是，最基础的工作在于搞清楚"实事"，就是了解实际、掌握实情。这就要求我们必须不断对实际情况作深入系统而不是粗枝大叶的调查研究，使思想、行动、决策符合客观实际。当代中国最大的客观实际，就是我国仍处于并将长期处于社会主义初级阶段，这是我们认识当下、规划未来、制定政策、推进事业的客观基点，不能脱离这个基点。既要看到社会主义初级阶段基本国情没有变，也要看到我国经济社会发展每个阶段呈现出来的新特点。经过30多年改革开放，我国社会生产力、综合国力、人民生活水平实现了历史性跨越，我国基本国情的内涵不断发生变化，我们面临的国际国内风险、面临的难题也发生了重要变化。我们提出要准确把握、主动适应经济发展新常态，就是适应国际国内环境变化、辩证分析我国经济发展阶段性特征作出的判断。准确把握我国不同

---

① 习近平：《在纪念毛泽东同志诞辰120周年座谈会上的讲话》，人民出版社2013年版，第15页。

发展阶段的新变化新特点，使主观世界更好地符合客观实际，按照实际决定工作方针，这是我们必须牢牢记住的工作方法。

坚持实事求是，关键在于"求是"，就是探求和掌握事物发展的规律。对事物客观规律的认识，只能在实践中完成。勇于实践、善于实践，在实践中积累经验、进行理论升华，再用以指导实践、推动实践，在实践中使认识得到检验、修正、丰富和发展，这是认识客观规律的根本途径，也是把握客观规律的必由之路。我们作决策、办事情、谋发展，都要认识规律、遵循规律。从这个意义上说，能否坚持实事求是，能否按客观规律办事，这是决定我们的工作特别是领导工作有无主动权和得失成败的关键所在。

因此，领导干部一定要打牢马克思主义理论功底，这是坚持实事求是的理论基础。道理很清楚，没有科学的理论功底，不掌握科学的世界观和方法论，就不能透过事物的现象看本质，就不能把握事物的内在联系，就容易陷于盲目性、片面性、被动性，就很难做到实事求是。

三、价值论与人民立场

坚持马克思主义和世界观的方法论，首先就要坚持马克思主义的基本立场，即人民大众的立场。我们说马克思列宁主义、毛泽东思想、邓小平理论、"三个代表"重要思想和科学发展观是一脉相承而又与时俱进的，那么这个一脉相承的"脉"究竟在哪里？

虽然马克思主义在不同历史时期、针对不同的时代课题具有不同的理论形态，但是"脉"始终贯穿其中，这个"脉"就是马克思主义的基本立场、观点和方法。尤其是马克思主义的政治立场，作为马克思主义最为本质的灵魂一直贯穿于马克思主义发展的全过程。从马克思、恩格斯在《共产党宣言》中明确提出共产党人始终坚持为无产阶级、为绝大多数劳动人民谋利益，到列宁强调党是无产阶级的先进部队，要为人民群众服务、代表他们的利益；从毛泽东关于共产党人必须全心全意为人民服务的重要思想，到邓小平关于必须把人民拥护不拥护、赞成不赞成、高兴不高兴、答应不答应作为衡量改革和一切事业根本标准的重要思想，到江泽民关于中国共产党必须始终代表最广大人民根本利益的重要思想，到胡锦涛关于发展为了人民、发展依靠人民、发展成果由人民共享的重要思想，从中我们可以清楚地看到一条一脉相承又与时俱进的思想主线，这就是：始终站在人民大众立场上，一切为了人民、一切相信人民、一切依靠人民，诚心诚意为人民谋利益。这就是马克思主义的根本出发点和落脚点，也就是基本的政治立场。

党的十八大以来，习近平总书记高瞻远瞩，依据国内外大局现实情况，提出了一系列治国理政的战略思想，涉及内政外交各个领域，以及军事战略、文化战略、政治和经济建设战略、社会发展战略以及生态文明战略等多个方面。这些战略思想贯穿一个根本价值取向，即牢牢定位于人民群众的利益实现上。2012 年 11 月 15 日，习近平总书记在新一届常委见面会上就提出："人民对美好生活的向往，就是我们的奋斗目标。"2013 年 3 月 19 日，他在接受金砖国家媒体联合采访时更是强调："中国共产党在中国执政，就是要带领人民把国家建设得更好，让人民生活得更好。"① 2013 年 12 月

---

① 中共中央文献研究室：《习近平关于实现中华民族伟大复兴的中国梦论述摘编》，中央文献出版社 2013 年版，第 15 页。

26 日，在纪念毛泽东同志诞辰 120 周年座谈会上的讲话中，他又强调："党的一切工作，必须以最广大人民根本利益为最高标准。检验我们一切工作的成效，最终都要看人民是否真正得到了实惠，人民生活是否真正得到了改善，人民权益是否真正得到了保障。"①2016 年 1 月 18 日，在省部级主要领导干部学习贯彻十八届五中全会精神专题研讨班开班式上，他指出："要着力践行以人民为中心的发展思想"。2016 年 7 月 1 日，在庆祝中国共产党成立 95 周年大会上的讲话中，他强调："人民立场是中国共产党的根本政治立场，是马克思主义政党区别于其他政党的显著标志。"可见，始终关注人民群众的根本利益，不仅是我们党的根本宗旨和立党之本，更是当代中国共产党人战略思维价值取向的核心目标。

正如习近平总书记一再强调的："始终站在人民大众立场上，始终不脱离、不动摇这个立场，这是共产党人掌握马克思主义世界观的重大问题。"

四、实践论与实践第一

实践观点是马克思主义哲学的首要的基本的观点，实践标准是检验认识正确与否的唯一标准。习近平总书记指出："要学习掌握认识和实践辩证关系的原理，坚持实践第一的观点，不断推进实践基础上的理论创新。我们推进各项工作，要靠实践出真知。理论必须同实践相统一。必须高度重视理论的作用，增强理论自信和战略

---

① 习近平：《在纪念毛泽东同志诞辰 120 周年座谈会上的讲话》，人民出版社 2013 年版，第 18 页。

定力，对经过反复实践和比较得出的正确理论，要坚定不移坚持。要根据时代变化和实践发展，不断深化认识，不断总结经验，不断实现理论创新和实践创新良性互动，在这种统一和互动中发展 21 世纪中国的马克思主义。"① 坚持实践第一的观点，就必须坚持实践标准，务求实效，关键在于落实。

我们党坚持以马克思主义为指导，善于把远大目标、奋斗纲领同脚踏实地、埋头苦干紧密结合起来。我们党建立已 96 年、新中国成立已 60 多年，在革命、建设、改革各个历史时期，党和人民的事业之所以能够不断取得伟大的成就，在全国各族人民中我们党之所以能够享有崇高的威望，靠的就是把马克思主义基本原理同中国具体实际结合起来形成的正确的理论和路线方针政策，靠的就是全党同志团结带领人民群众一步一个脚印地把党的路线方针政策变成认识世界和改造世界的巨大精神力量与物质力量。

我们的所有成就都是干出来的。这里的关键，就是始终注重抓落实。如果落实工作抓得不好，再好的方针、政策、措施也会落空，再伟大的目标任务也实现不了。因此，抓落实是领导工作中一个极为重要的环节，是党的思想路线和群众路线的根本要求，也是衡量党员领导干部世界观正确与否和党性强不强的一个重要标志。

抓落实就好比在墙上钉钉子：钉不到点上，钉子要打歪；钉到了点上，只钉一两下，钉子会掉下来；钉个三四下，过不久钉子仍然会松动；只有连钉七八下，这颗钉子才能牢固。这就说明，抓落实首先要抓到点上，以点带面。要盯住事关全局的重点工作，把力

---

① 《中共中央政治局就辩证唯物主义基本原理和方法论进行集体学习》，《人民日报》2015 年 1 月 24 日。

量凝聚到点上，着力解决涉及全局的突出问题，以点带面，推动全局，避免"撒胡椒面"式地这里抓一下，那里敲一点，浅尝辄止、朝三暮四。其次，要一抓到底，常抓不懈。要一步一个脚印，步步为营，有板有眼，深入而持续地抓好落实，而不能满足于会议开过了，文件发过了，嘴上讲过了。同时，抓落实还要结合实际，因地制宜。这就好比钉钉子，也不能光凭着一股蛮力，逢墙乱钉，碰到容易脱落或者开裂的墙面时，还要想办法修补墙面，打好钉钉子的基础。抓落实也要根据本地、本单位的实际加以贯彻落实，而不是依葫芦画瓢、搞照搬照套。总之，抓落实，就要有"咬定青山不放松"的韧劲、不达目的不罢休的狠劲，真正把各项工作落到实处、抓出实效。

这就需要各级领导干部要有战略定力，即在错综复杂形势下能够立足于全局、着眼于长远、抓住重点、把握本质和大势，为实现战略意图和战略目标所具有的战略自信、意志和毅力。正如习近平总书记所反复强调的："实现我们确立的奋斗目标，我们既要有'乱云飞渡仍从容'的战略定力，又要有'不到长城非好汉'的进取精神。"[1] 在经过实践检验正确的理论和战略问题上要有理论自信和战略定力，我们才能做到不被任何风险所惧，不被任何干扰所惑，不被任何眼前的短期利益所蒙蔽，不被别人的说三道四所左右，才能在"乱花渐欲迷人眼"时保持沉着冷静，在"千磨万击"和"东西南北风"中"咬定青山不放松"，才能为实现"两个一百年"奋斗目标和中华民族伟大复兴的中国梦凝神聚力。

---

[1] 习近平：《在纪念毛泽东同志诞辰 120 周年座谈会上的讲话》，人民出版社 2013 年版，第 24 页。

五、辩证法与辩证思维

辩证思维能力，就是承认矛盾、分析矛盾、解决矛盾，善于抓住关键、找准重点、洞察事物发展规律的能力。习近平总书记系列重要讲话，处处体现着唯物辩证的思想方法。比如，在论述改革问题时，强调"要有强烈的问题意识，以重大问题为导向"①；在分析国际国内形势时，强调要坚持"两点论"，一分为二看问题，既要看到国际国内形势中有利的一面，也要看到不利的一面；在阐述全面深化改革时，强调胆子要大、步子要稳，"战略上要勇于进取，战术上则要稳扎稳打"②；在阐述社会治理时，指出"管得太死，一潭死水不行；管得太松，波涛汹涌也不行"③；等等。

习近平总书记指出，要学习掌握事物矛盾运动的基本原理，不断强化问题意识，积极面对和化解前进中遇到的矛盾。问题是事物矛盾的表现形式，我们强调增强问题意识、坚持问题导向，就是承认矛盾的普遍性、客观性，就是要善于把认识和化解矛盾作为打开工作局面的突破口。我们党领导人民干革命、搞建设、抓改革，从来都是为了解决中国的现实问题。对待矛盾的正确态度，应该是直面矛盾，并运用矛盾相辅相成的特性，在解决矛盾的过程中推动事

---

① 中共中央文献研究室：《习近平关于全面深化改革论述摘编》，中央文献出版社 2014 年版，第 38 页。

② 中共中央宣传部：《习近平总书记系列重要讲话读本》，学习出版社、人民出版社 2014 年版，第 52 页。

③ 中共中央宣传部：《习近平总书记系列重要讲话读本》，学习出版社、人民出版社 2014 年版，第 179 页。

物发展。我们强调不能简单以国内生产总值增长率论英雄，提出加快转变经济发展方式、调整经济结构，提出化解产能过剩，提出加强生态文明建设，等等，都是针对一些牵动面广、耦合性强的深层次矛盾。

提高辩证思维能力，就要认真学习辩证唯物主义，客观地而不是主观地、发展地而不是静止地、全面地而不是片面地、系统地而不是零散地、普遍联系地而不是孤立地观察事物、分析问题、解决问题，在矛盾双方对立统一的过程中把握事物发展规律，克服极端化、片面化。对立统一规律即矛盾规律是辩证法的核心和实质，矛盾分析方法是我们认识世界、改造世界的基本方法。面对复杂形势和繁重任务，首先要有全局观，对各种矛盾做到心中有数，同时又要优先解决主要矛盾和矛盾的主要方面，以此带动其他矛盾的解决。我们提出要协调推进全面建成小康社会、全面深化改革、全面依法治国、全面从严治党，是当前党和国家事业发展中必须解决好的主要矛盾。

我们观察形势、分析事物、制定政策、解决问题，都要坚持矛盾分析方法，坚持"两点论"和"重点论"的统一。习近平总书记的系列重要讲话处处体现了"两点论"和"重点论"相统一的辩证法。在走什么道路问题上，他强调，中国特色社会主义道路，既坚持以经济建设为中心，又全面推进经济建设、政治建设、文化建设、社会建设、生态文明建设以及其他各方面建设；在改革战略问题上，他强调既要整体推进，又要重点突破；在环境保护问题上，他指出"我们既要绿水青山，也要金山银山。宁要绿水青山，不要金山银山，而且绿水青山就是金山银山"；在处理政府与市场的关系上，他强调既要重视市场在资源配置中的决定性作用，又要

11

更好发挥政府作用，等等，为我们提供了成功运用辩证法的范例。

正如习近平总书记所指出的："我们既要注重总体谋划，又要注重牵住'牛鼻子'。在任何工作中，我们既要讲两点论，又要讲重点论，没有主次，不加区别，眉毛胡子一把抓，是做不好工作的。"

六、系统论与系统方法

习近平总书记强调："唯物辩证法认为，事物是普遍联系的，事物及事物各要素之间相互影响、相互制约，整个世界是相互联系的整体，也是相互作用的系统。它要求我们必须从客观事物的内在联系去把握事物，去认识问题，去处理问题。"客观事物不但作为矛盾而存在，而且作为系统而存在。所以分析问题、解决问题必须具有系统的观点，运用系统的方法。所谓系统，就是由若干相互联系、相互作用的要素构成的统一整体。坚持系统观点和系统方法分析问题，必须始终做到统筹兼顾。正如习近平总书记所指出的："统筹兼顾是中国共产党的一个科学方法论。它的哲学内涵就是马克思主义辩证法。中国共产党特别强调统筹兼顾。毛主席的'弹钢琴'论有统筹兼顾，'十大关系'也处处体现着统筹兼顾的原则。"①

统筹兼顾的能力，就是要善于运用唯物辩证法认识和处理问题，善于从千头万绪、纷繁复杂的事物中抓住主要矛盾和矛盾的主

---

① 习近平：《干在实处 走在前列——推进浙江新发展的思考与实践》，中共中央党校出版社 2006 年版，第 25 页。

要方面，既统揽全局、统筹规划，又在重点突破中推动工作协调发展。领导干部尤其是主要领导干部提高统筹兼顾能力，需要处理好以下几个关系。一是中心工作与其他工作的关系。发展是我们党执政兴国的第一要务，经济建设是全党各项工作的中心。发展是硬道理。领导干部要聚精会神搞建设，一心一意谋发展。同时，要正确认识和处理经济建设与政治建设、文化建设、社会建设以及生态文明建设和党的建设的关系，做到全面推进、协调发展，不能顾此失彼；二是全局与局部的关系。毛泽东讲过："懂得了全局性的东西，就更会使用局部性的东西"，他要求"指挥全局的人"以至任何一级首长，应把注意力摆在照顾全局上面。领导干部要树立系统和整体的观念，增强全国一盘棋意识，在关系全局的重大原则问题上必须以全局利益为重，服从全局、服务全局。地方和部门保护主义、本位主义，不仅妨碍全局利益，最终也会损害地方和部门利益；三是当前和长远的关系。领导干部既要立足当前、抓好当前，又要深谋远虑、有战略思维。不怕眼前落后，就怕眼光落后。要有远见、善预见，把握大势、辨清走势、审时度势，增强工作的预见性、前瞻性和决策的科学性。要重长远，防止"一届的政绩几届的包袱"，多干打基础的事，多干可持续发展的事，多干造福子孙后代的事。

现在，我国进一步发展面临一系列突出矛盾和挑战。解决这些矛盾、应对这些挑战，必须进一步推进改革开放。习近平总书记指出："改革开放是前无古人的崭新事业，必须坚持正确的方法论。"①

---

① 中共中央文献研究室：《习近平关于全面深化改革论述摘编》，中央文献出版社 2014 年版，第 34 页。

"改革开放是一个系统工程，必须坚持全面改革，在各项改革协同配合中推进。改革开放是一场深刻而全面的社会变革，每一项改革都会对其他改革产生重要影响，每一项改革又都需要其他改革协同配合。要更加注重各项改革的相互促进、良性互动，整体推进，重点突破，形成推进改革开放的强大合力。"①

正如习近平总书记所指出的："在中国当领导人，必须在把情况搞清楚的基础上，统筹兼顾、综合平衡，突出重点、带动全局，有的时候要抓大放小、以大兼小，有的时候又要以小带大、小中见大，形象地说，就是要十个指头弹钢琴。"② 因此，领导干部一定要学会全面辩证地看问题，在认识论上要有辩证统一的思想，在方法论上要学会统筹兼顾，在具体工作中要学会"十指弹琴"。

七、战略思维与统揽全局

战略思维是一种大智慧、大谋略、大本领，是领导干部能力和素质的重要体现。它要求领导者从讲政治、谋全局、顾长远、抓根本的高度，更加积极主动地做好领导工作。对此，习近平总书记早在浙江工作时就指出："各级党政'一把手'要站在战略的高度，善于从政治上认识和判断形势，观察和处理问题，善于透过纷繁复杂的表面现象，把握事物的本质和发展的内在规律。要努力增强总揽全局的能力，放眼全局谋一域，把握形势谋大事，以'登东山而小鲁''登泰山而小天下'的气度和胸襟，始终把全局作为观察

---

① 习近平：《习近平谈治国理政》，外文出版社 2014 年版，第 67 页。
② 习近平：《习近平谈治国理政》，外文出版社 2014 年版，第 102 页。

和处理问题的出发点和落脚点，以全局利益为最高价值追求，以世界眼光去认识政治形势，把握经济走势，了解文化态势；用战略思维去观察当今时代，洞悉当代中国，谋划当前浙江，切实把本地、本部门的工作放到国际国内大背景和全党全国全省的工作大局中去思考、去研究、去把握，不断提高领导工作的原则性、系统性、预见性和创造性。"[1]

习近平总书记关于战略问题的思考和部署，集中体现了党中央治国理政的核心要义和思想精髓，全面贯穿着马克思主义的立场观点方法。习近平总书记 2013 年 1 月指出："党的十八大明确提出了'两个一百年'的奋斗目标，我们还明确提出了实现中华民族伟大复兴的'中国梦'的奋斗目标。"[2] 围绕这个伟大的战略目标，新一届中央领导集体进行了一系列深谋远虑的顶层设计和战略谋划。

党的十八大以来，以习近平同志为核心的党中央直面当代中国和当今世界的重大课题，运用历史唯物主义和辩证唯物主义的科学世界观和方法论，深刻把握治国理政的若干重大关系，科学统筹治党治国治军、内政外交国防、改革发展稳定，科学统筹国内国际两个大局，思考谋划治国理政一盘棋，从坚持和发展中国特色社会主义全局出发，提出并形成了全面建成小康社会、全面深化改革、全面依法治国、全面从严治党的战略布局。这个战略布局，既有战略目标，也有战略举措，每一个"全面"都具有重大战略意义。全面建成小康社会是我们的战略目标，全面深化改革、全面依法治国、全面从严治党是三大战略举措。"四个全面"协调推进，四足

---

① 习近平：《之江新语》，浙江人民出版社 2007 年版，第 20 页。

② 中共中央文献研究室：《习近平关于实现中华民族伟大复兴的中国梦论述摘编》，中央文献出版社 2013 年版，第 66 页。

鼎立，共同托举起实现"两个一百年"奋斗目标、实现中华民族伟大复兴中国梦的伟大理想。协调推进"四个全面"，对于坚持和发展中国特色社会主义、实现中华民族伟大复兴的中国梦具有重大现实意义和深远历史意义。

党的十八大以来，以习近平同志为核心的党中央围绕实现中华民族伟大复兴的中国梦这一总体战略目标，在经济、政治、文化、社会、生态、党的建设以及外交国防等方面进行了一系列的战略部署和战略实践，形成了实现中国梦的系统战略路线图。在经济发展上提出了经济新常态的战略判断，通过各方面的不断创新主动适应"经济新常态"，从而为实现中华民族伟大复兴中国梦奠定坚实的物质基础；在政治发展上提出了重构政治生态的战略任务，使我们党能够更好地肩负起民族复兴的重任；在文化发展上确立了提高国家文化软实力的战略目标，为中华民族伟大复兴中国梦凝聚提供精神动力；在社会发展上通过了社会管理创新战略促进公平正义，为实现中华民族伟大复兴中国梦凝聚力量；在生态文明建设上提出了建设美丽中国的战略任务，为实现中华民族的复兴提供可持续发展空间；在对外关系上作出了和平发展道路的战略抉择，为我国改革发展稳定从而实现中国梦争取良好外部条件。

学习习近平总书记关于战略思维的重要论述，要求各级领导干部尤其是高级领导干部努力把马克思主义哲学作为自己的看家本领，坚定理想信念，坚持正确政治方向，提高战略思维能力、综合决策能力、驾驭全局能力，团结带领人民不断书写改革开放历史新篇章。因此，各级领导干部特别是高级领导干部要围绕经济社会发展重大问题加强学习和调研，提高把握和运用市场经济规律、自然规律、社会发展规律能力，提高科学决策、民主决策能力，增强全球思维、战略思维能力，做到厚积薄发。

八、群众观点与群众路线

群众路线本质上体现的是马克思主义关于人民群众是历史的创造者这一基本原理。只有坚持这一基本原理，我们才能把握历史前进的基本规律。只有按历史规律办事，我们才能无往而不胜。历史反复证明，人民群众是历史发展和社会进步的主体力量。正如毛泽东所说："中国的命运一经操在人民自己的手里，中国就将如太阳升起在东方那样，以自己的辉煌的光焰普照大地"①。

坚持群众路线，要求我们做到一切依靠群众，从群众中来、到群众中去，充分调动各方面群众的积极性主动性创造性。当前，改革发展进入新的历史阶段，各种问题和矛盾集中凸显，更要始终牢记，真正的英雄是群众，真正的力量在群众。坚持人民主体地位，充分调动人民积极性，始终是我们党立于不败之地的强大根基。在人民面前，我们永远是小学生，必须自觉拜人民为师，向能者求教，向智者问策；必须充分尊重人民所表达的意愿、所创造的经验、所拥有的权利、所发挥的作用。例如，"摸着石头过河"是人民群众生动实践的一个形象比喻，是马克思主义认识论和群众路线在改革实践中的生动体现。邓小平曾多次说："我个人做了一点事，但不能说都是我发明的。其实很多事是别人发明的，群众发明的，我只不过把它们概括起来，提出了方针政策。"② 家庭联产承

---

① 《毛泽东选集》第四卷，人民出版社 1991 年版，第 1467 页。
② 《邓小平文选》第三卷，人民出版社 1993 年版，第 272 页。

包责任制、乡镇企业、经济特区无不是在总结群众实践经验的基础上，进行顶层设计一步步走出来的成功范例。改革的实践特征与中国改革的特殊性，决定了中国改革坚持实践观点和实践标准，对看得还不那么准、但又必须取得突破的改革，可以先进行试点，"摸着石头过河"，尊重实践、尊重创造，鼓励大胆探索、勇于开拓，在实践中开创新路，取得经验后再推开，在"摸着石头过河"的基础上取得系列经验后进行顶层设计，顶层设计的理念必须在实践中不断进行检验、纠正、丰富和发展。

坚持群众路线，就要坚持全心全意为人民服务的根本宗旨。"政之所兴在顺民心，政之所废在逆民心。"① 全心全意为人民服务，是我们党一切行动的根本出发点和落脚点，是我们党区别于其他一切政党的根本标志。党的一切工作，必须以最广大人民根本利益为最高标准。检验我们一切工作的成效，最终都要看人民是否真正得到了实惠，人民生活是否真正得到了改善，人民权益是否真正得到了保障。面对人民过上更好生活的新期待，我们不能有丝毫自满和懈怠，必须再接再厉，使发展成果更多更公平惠及全体人民，朝着共同富裕方向稳步前进。

坚持群众路线，就要保持党同人民群众的血肉联系。我们党的最大政治优势是密切联系群众，党执政后的最大危险是脱离群众。毛泽东同志说："我们共产党人好比种子，人民好比土地。我们到了一个地方，就要同那里的人民结合起来，在人民中间生根、开花。"要把群众观点、群众路线深深植根于全党同志思想中，真正

① 习近平：《在庆祝中国人民政治协商会议成立 65 周年大会上的讲话》，人民出版社 2014 年版，第 16 页。

落实到每个党员行动上，下最大气力解决党内存在的问题特别是人民群众不满意的问题，使我们党永远赢得人民群众信任和拥护。

党的群众路线是实现党的思想路线、政治路线和组织路线的根本工作路线，必须贯穿于党的全部工作中。各级领导干部要坚持工作重心下移，经常深入实际、深入基层、深入群众，真诚倾听群众呼声，真实反映群众愿望，真情关心群众疾苦，拜群众为师，向群众问计，从群众的实践中汲取营养、增长智慧，不断提高新形势下做好群众工作的本领。正如习近平总书记所指出的："群众路线是我们党的生命线和根本工作路线，是我们党永葆青春活力和战斗力的重要传家宝。不论过去、现在和将来，我们都要坚持一切为了群众，一切依靠群众，从群众中来，到群众中去，把党的正确主张变为群众的自觉行动，把群众路线贯彻到治国理政全部活动之中。"①

当前，我们已经站在新的历史起点上，正在进行具有许多新的历史特点的伟大斗争。实现党的十八大提出的"两个一百年"奋斗目标，实现中华民族伟大复兴的中国梦，我们面临的国内外环境错综复杂、任务异常艰巨、挑战前所未有，迫切需要我们掌握科学的世界观和方法论，树立科学的思想方法和工作方法。习近平总书记系列重要讲话中贯穿的科学思想方法和工作方法，是对马克思主义世界观和方法论的创造性运用和发展，为我们有效应对日趋复杂的国内外环境，克服前进路上的各种困难和挑战，破解改革发展中的各种难题，提供了思想罗盘和行动指南。

---

① 中共中央文献研究室、中央党的群众路线教育实践活动领导小组办公室：《习近平关于党的群众路线教育活动论述摘编》，中央文献出版社2014年版，第7页。

第一讲

价值思维与人民至上

2016 年 7 月 1 日，习近平总书记在庆祝中国共产党成立 95 周年大会上的讲话中指出："坚持不忘初心、继续前进，就要坚信党的根基在人民、党的力量在人民，坚持一切为了人民、一切依靠人民，充分发挥广大人民群众积极性、主动性、创造性，不断把为人民造福事业推向前进。"① "以人民为中心""人民至上"，党的十八大以来，以习近平同志为核心的党中央不断深化对"人民"的理论与实践认知，提出了一系列新理念新论断新要求，付诸造福人民的生动实践，使人民得到更多实惠，使党群干群关系更紧密，使党心民心更凝聚。2012 年 11 月 15 日，刚刚当选中共中央总书记的习近平和其他中央政治局常委同中外记者见面时就曾鲜明宣示："人民对美好生活的向往，就是我们的奋斗目标"②。人民至上是贯穿以习近平同志为核心的党中央治国理政的价值灵魂。

---

① 习近平：《在庆祝中国共产党成立 95 周年大会上的讲话》，人民出版社 2016 年版，第 18 页。

② 习近平：《习近平谈治国理政》，外文出版社 2014 年版，第 424 页。

一、人民至上是马克思主义的价值灵魂

坚持马克思主义，首先就要坚持马克思主义的基本立场，即人民大众的立场。我们共产党人的本质是什么，我们坚守的信仰是什么呢？就是马克思主义。《中国共产党章程》其实主要是解决两个问题：一是心往一处想的问题，就是统一思想问题、改造主观世界问题；二是劲往一处使的问题，就是实践问题、改造客观世界问题。所以，毛泽东在《实践论》中强调，改造主观世界和客观世界的关系问题要处理好。我们有八千多万党员，要完成政治使命，就要心往一处想，劲往一处使。《中国共产党章程》总纲主要解决心往一处想的问题，告诉大家我们是谁，我们要干什么，举什么旗，走什么路，坚守什么样的价值追求，让全党达成价值共识和价值认同。《中国共产党章程》的十一章规定和具体条文则指出，我们有什么样的组织形式，每个党员有什么样的权利和义务，我们党有什么样的制度、纪律和规定，以及党徽党旗都规定得清清楚楚，让全党令行禁止统一行动。

《中国共产党章程》总纲明确规定："中国共产党以马克思列宁主义、毛泽东思想、邓小平理论、'三个代表'重要思想和科学发展观作为自己的行动指南。"[①] 这个行动指南就是指导思想。这个指导思想如果用一句话来概括，就是中国共产党以马克思主义作为指导。如果要把这个指导思想内化于心外化于行，真正作为我们一切工作的行动指南，那么，"什么是马克思主义"这个问题必须

---

① 《中国共产党章程》，人民出版社 2012 年版，第 1 页。

首先要搞清楚。习近平总书记在庆祝中国共产党成立95周年大会上的讲话中指出:"理论上不彻底,就难以服人。"① 马克思也讲过同样的道理,他在《〈黑格尔法哲学批判〉导言》中曾经指出:"批判的武器当然不能代替武器的批判,物质力量只能用物质力量来摧毁,但是理论一经掌握群众,也会变成物质力量,理论只要说服人,就能掌握群众;而理论只要彻底,就能说服人。所谓彻底,就是抓住事物的根本。"② 同样的道理,要想搞清楚"什么是马克思主义"这个问题,我们必须追根溯源,就必须研究马克思到底是一个什么样的人,他为什么要创立这个主义,我们为什么要举这个旗帜。因为,我们的答案就在这个问题里面。

一谈到马克思,我们可能会觉得马克思是一个哲学家、思想家、理论家和政治家,甚至我们写任何文章都可以引用马克思的话。在这个问题上,恩格斯对马克思的一个评价值得我们重视和参考。1883年3月14日下午两点三刻,马克思去世。1883年3月17日左右,恩格斯在马克思墓前做了一个讲话,即《在马克思墓前的讲话》。在这个讲话中恩格斯指出:"马克思首先是一个革命家。他毕生的真正使命,就是以这种或那种方式参加推翻资本主义社会及其所建立的国家设施的事业,参加现代无产阶级的解放事业,正是他第一次使现代无产阶级意识到自身的地位和需要,意识到自身解放的条件。斗争是他的生命要素。很少有人像他那样满腔热情、坚忍不拔和卓有成效地进行斗争。"③ 也正是在这个讲话中,恩格

---

① 习近平:《在庆祝中国共产党成立95周年大会上的讲话》,人民出版社2016年版,第9页。

② 《马克思恩格斯选集》第1卷,人民出版社1995年版,第9页。

③ 《马克思恩格斯选集》第3卷,人民出版社1995年版,第777页。

斯指出："正因为这样，所以马克思是当代最遭嫉恨和最受诬蔑的人。各国政府——无论专制政府或共和政府，都驱逐他；资产者——无论保守派或极端民主派，都竞相诽谤他，诅咒他。"① 我们知道，马克思似乎完全没有必要做一个革命家。他的家庭背景非常好，他的父亲是当时一位著名的律师，他的妻子燕妮是贵族，他本人 23 岁就获得了哲学博士学位，据说黑格尔很欣赏他，根据黑格尔的推荐，他完全可以在大学教哲学。这将是一种多么优厚的待遇和优越的生活，而他却义无反顾地选择了革命道路。马克思的一生穷困潦倒，颠沛流离，几个孩子先后夭折，生活极其艰辛和坎坷。马克思为什么要放弃优越的生活却选择了艰辛的革命道路？这个问题值得我们深入思考，因为只有把这个问题搞清楚了，才能够明白为什么一代一代许多共产党人离开富裕家庭而投身到革命的洪流。这背后肯定有一个力量在支撑和推动着，这个力量非常强大，除非是信仰。这就是对马克思主义的信仰的力量。正如匈牙利诗人裴多菲 1847 年创作的一首短诗《自由与爱情》所表达的："生命诚可贵，爱情价更高，若为自由故，两者皆可抛。"

这个信仰就是由马克思所倡导的、被共产党人所坚守的那个灵魂：造福人民，为绝大多数人谋福利。马克思的一生思想曾经经过多次转折，从黑格尔的忠实信徒到青年黑格尔派，到费尔巴哈革命民主主义，再到共产主义。但是，他的人生理想和价值追求一经确立，从来没有改变过。他的人生理想和价值追求在中学毕业的时候就已经基本确立。马克思生于 1818 年 5 月 5 日。1835 年 8 月，马克思中学毕业，那一年他 17 岁。马克思写了三篇作文，作为毕业

---

① 《马克思恩格斯选集》第 3 卷，人民出版社 1995 年版，第 777 页。

论文。其中一篇作文《青年在选择职业时的考虑》，这是马克思中学考试中的一篇德语作文，无疑是一份马克思立志的宣言书。在这篇作文中马克思用诗一样优美的语言，慷慨激昂地表达了十分崇高的人生理想："在选择职业时，我们应该遵循的主要指针是人类的幸福和我们自身的完美。"① "人们只有为同时代人的完美、为他们的幸福而工作，才能使自己也达到完美。如果一个人只为自己劳动，他也许能够成为著名学者、大哲人、卓越诗人，然而他永远不能成为完美无疵的伟大人物。"② "历史承认那些为共同目标劳动因而自己变得高尚的人是伟大人物；经验赞美那些为大多数人带来幸福的人是最幸福的人；宗教本身也教诲我们，人人敬仰的理想人物，就曾为人类牺牲了自己——有谁敢否定这类教诲呢？"③

"如果我们选择了最能为人类福利而劳动的职业，那么，重担就不能把我们压倒，因为这是为大家而献身；那时我们所感到的就不是可怜的、有限的、自私的乐趣，我们的幸福将属于千百万人，我们的事业将默默地、但是永恒发挥作用地存在下去，面对我们的骨灰，高尚的人们将洒下热泪。"④

立志选择"最能为人类福利而劳动"这样的职业，马克思的远大志向是什么呢？这不正是我们共产党人一直所坚守的"造福人民，为绝大多数人谋福利"这一核心价值观吗！在1848年2月发表的《共产党宣言》中，马克思、恩格斯把这一崇高理想正式表达为这么一段大家耳熟能详的名言："代替那存在着阶级和阶级

① 《马克思恩格斯全集》第40卷，人民出版社1995年版，第459页。
② 《马克思恩格斯全集》第40卷，人民出版社1982年版，第7页。
③ 《马克思恩格斯全集》第40卷，人民出版社1982年版，第7页。
④ 《马克思恩格斯全集》第40卷，人民出版社1982年版，第7页。

对立的资产阶级旧社会的，将是这样一个联合体，在那里，每个人的自由发展是一切人的自由发展的条件。"① 为了人的自由，人的平等，人的解放，这就是马克思所追求的最高人生价值理想。但是，当时的社会现实是什么呢？恰恰是资本主义制度原始积累下人的不自由、不平等，人与人之间剥削与被剥削的关系。实际上对资本主义制度及其不合理性的批判，并不是从马克思开始的。马克思之前很多思想家都批判过，例如我们所熟悉的空想社会主义者欧文、傅里叶、圣西门等，可以说，他们的批判从一定意义上比马克思还有过之而无不及。但是，他们仅仅是理论上批判而已，只是从感情上去控诉现实而已，并没有找到解决问题的现实路径。正如马克思在 1845 年春《关于费尔巴哈的提纲》中所指出的："哲学家们只是用不同的方式解释世界，而问题在于改变世界。"② 也就是说，他们只是深刻揭露了资本主义的罪恶，对未来的理想社会提出许多美妙的天才设想，企图克服资本主义的弊端，建立"人人平等，个个幸福"的新社会。他们有很好的想法和愿望，但是，仅此而已，并没有找到解决问题的现实路径和办法，因此，只能是空想。正如马克思恩格斯在《德意志意识形态》中所指出的："对实践的唯物主义者即共产主义者来说，全部问题都在于使现存世界革命化，实际地反对并改变现存的事物。"③ 马克思、恩格斯指出，无产阶级必须拿起革命的武器，打破一个旧世界，建立一个新世界，在那里面没有剥削，没有压迫，是一个自由人的联合体，这就是共产主义社会。这一思想就集中体现和表达在《共产党宣

---

① 《共产党宣言》，人民出版社 2014 年版，第 51 页。
② 《马克思恩格斯选集》第 1 卷，人民出版社 1995 年版，第 57 页。
③ 《马克思恩格斯选集》第 1 卷，人民出版社 1995 年版，第 75 页。

言》中。

毋庸置疑，《共产党宣言》是一篇非常光辉的政治纲领性文献，标志着马克思主义的诞生。实际上，还是一篇非常优美的文学艺术作品。《共产党宣言》一开头就用优美的语言、平等的态度抓住读者的眼球，让人爱不释手，"一个幽灵，共产主义的幽灵，在欧洲游荡。为了对这个幽灵进行神圣的围剿，旧欧洲的一切势力，教皇和沙皇、梅特涅和基佐、法国的激进派和德国的警察，都联合起来了。"① 语言多么优美，多么具有感染力啊！《共产党宣言》的每一个结论，都不是强加给人的，而是在字里行间自然走出来的，读者读着读着自己就会得出这样的结论，这完全是逻辑的力量。《共产党宣言》肯定对资本主义制度进行批判，但是并没有对资本主义进行攻击和谩骂，恰恰相反，它对资本主义制度的历史合理性进行了充分肯定，在充分肯定的基础上，却得出了彻底否定的结论。这就是辩证法的逻辑。对于辩证法的实质，马克思在《资本论》第2版第1卷的跋文里面作出了非常经典而深刻的论述："辩证法，在其合理形态上，引起资产阶级及其夸夸其谈的代言人的恼怒和恐怖，因为辩证法在对现存事物的肯定的理解中同时包含对现存事物的否定的理解，即对现存事物的必然灭亡的理解；辩证法对每一种既成的形式都是从不断的运动中，因而也是从它的暂时性方面去理解；辩证法不崇拜任何东西，按其本质来说，它是批判的和革命的。"②

《共产党宣言》第一章"资产者和无产者"一开始就对资本主

---

① 《马克思恩格斯文集》第2卷，人民出版社2009年版，第30页。
② 《马克思恩格斯选集》第2卷，人民出版社1995年版，第112页。

义及其繁荣的景象进行了绘声绘色的描绘："资产阶级在历史上曾经起过非常革命的作用。"① "资产阶级在它的不到一百年的阶级统治中所创造的生产力，比过去一切世代创造的全部生产力还要多，还要大。自然力的征服，机器的采用，化学在工业和农业中的应用，轮船的行驶，铁路的通行，电报的使用，整个整个大陆的开垦，河川的通航，仿佛用法术从地下呼唤出来的大量人口，——过去哪一个世纪料想到在社会劳动里蕴藏有这样的生产力呢?"② 正是资本主义创造了如此巨大的生产力，资本主义和资产阶级对历史是作出了突出贡献的。这是它的伟大之处，这也恰恰成为它自己要退出历史舞台的理由了。正如《共产党宣言》所指出的："资产阶级用来推翻封建制度的武器，现在却对准资产阶级自己了。"③ "资产阶级赖以形成的生产资料和交换手段，是在封建社会里造成的。在这些生产资料和交换手段发展的一定阶段上，封建社会的生产和交换在其中进行的关系，封建的农业和工场手工业组织，一句话，封建的所有制关系，就不再适应已经发展的生产力了。这种关系已经在阻碍生产而不是促进生产了。它变成了束缚生产的桎梏。它必须被炸毁，它已经被炸毁了。"④ 而现在资本主义也面临着同样的命运了。"现在，我们眼前又进行着类似的运动。资产阶级的生产关系和交换关系，资产阶级的所有制关系，这个曾经仿佛用法术创造了如此庞大的生产资料和交换手段的现代资产阶级社会，现在像

---

① 《共产党宣言》，人民出版社 1997 年版，第 29 页。
② 《共产党宣言》，人民出版社 1997 年版，第 32 页。
③ 《共产党宣言》，人民出版社 1997 年版，第 29 页。
④ 《共产党宣言》，人民出版社 1997 年版，第 32 页。

一个魔法师一样不能再支配自己用法术呼唤出来的魔鬼了。"① "只要指出在周期性的重复中越来越危及整个资产阶级社会生存的商业危机就够了。"② "资产阶级的关系已经太狭窄了，再容纳不了它本身所造成的财富了。"③ 资本主义和资产阶级应该灭亡了，必然会灭亡，"资产阶级的灭亡和无产阶级的胜利是同样不可避免的。"④ 但是，这并不意味着它会自己灭亡。在《共产党宣言》最后，马克思、恩格斯在科学论证的基础上，得出了这样的结论，提供了这样的方案，发出了这样的号召："共产党人不屑于隐瞒自己的观点和意图。他们公开宣布：他们的目的只有用暴力推翻全部现存的社会制度才能达到。让统治阶级在共产主义革命面前发抖吧。无产者在这个革命中失去的只是锁链。他们获得的将是整个世界。

全世界无产者，联合起来！"⑤

全世界无产者联合起来，干什么？不就是用暴力打碎全部现存的社会制度吗！可见，马克思是一个革命家，他的理论是革命的理论，他的实践是革命的活动，这个完全正确。但是，我们的问题是，马克思为什么要宣传革命，为什么要投身革命，为什么要做一个革命家，革命在马克思那里是目的还是手段？很显然，革命只不过是手段。那么，目的是什么呢？《共产党宣言》说得非常清楚："过去的一切运动都是少数人的或者为少数人谋利益的运动。无产

---

① 《共产党宣言》，人民出版社 1997 年版，第 33 页。
② 《共产党宣言》，人民出版社 1997 年版，第 33 页。
③ 《共产党宣言》，人民出版社 1997 年版，第 33 页。
④ 《共产党宣言》，人民出版社 1997 年版，第 40 页。
⑤ 《共产党宣言》，人民出版社 1997 年版，第 62—63 页。

阶级的运动是绝大多数人的、为绝大多数人谋利益的独立的运动。无产阶级，现今社会的最下层，如果不炸毁构成官方社会的整个上层，就不能抬起头来，挺起胸来。"① 革命的目的归根结底在于大多数人的解放、自由，以及为大多数人谋福利。

我们经常这么讲，马克思列宁主义、毛泽东思想、邓小平理论、"三个代表"重要思想和科学发展观，以及习近平总书记系列重要讲话精神是一脉相承而又与时俱进的。那么，这个一脉相承的"脉"到底是什么？这就是马克思主义的根本价值追求：造福人民，为绝大多数人谋福利。

什么是主义呢？我认为，"主义"就是核心的价值追求。比如集体主义，就是把集体利益作为核心价值追求，一切以集体利益为中心，可以为了集体利益牺牲个人利益，认为这是理所当然，在所不惜。再如，自私自利的个人主义，就是把个人的利益作为核心价值追求，置于至高无上的地步，把个人利益作为评判是非取舍的根本标准，一切以个人利益为中心，任何情况下都不能损害个人利益，为了个人利益甚至可以损公肥私，损人利己，认为是理所当然、天经地义。什么是马克思主义呢？就是把马克思主义的创始人马克思所倡导的，被共产党人所遵循的价值和灵魂，即造福人民和为绝大多数人谋福利，作为核心价值追求就是马克思主义。我们在使用"马克思主义"这个概念的时候，往往会在不同的层次上来使用。比如说，马克思主义分为三个组成部分，即马克思主义哲学、马克思主义政治经济学和科学社会主义，这里是指马克思主义理论体系。再比如说，我们所从事的事业是伟大的事业，因为这是

① 《共产党宣言》，人民出版社 1997 年版，第 39 页。

造福人民的马克思主义事业，这里是指马克思主义的运动和实践。还比如说，我们是坚定的马克思主义者，这里是指把这个主义当成信仰的人。无论是马克思主义的理论体系、实践运动、信仰的人，里面都贯穿着一个灵魂，就是马克思主义的核心价值追求，这就是马克思主义的"道"。王夫之说："道不离器"。马克思主义的"道"，就在马克思主义的理论、运动和实践中。马克思主义的根本特点在于它的实践性，而不仅仅是空谈"主义"。离开马克思主义的理论、运动和实践，马克思主义只能是一个幽灵。所谓"大道之行也"，"道"是用来行的，不行就没有"道"。

毛泽东思想为什么是马克思主义的继承和发展？因为在毛泽东思想的指导下，我们团结带领全国各族人民，推翻了三座大山的压迫、建立了新中国，实现了人民的解放。"打土豪、分田地"，就是"绝大多数人为了绝大多数人"的运动。它回答了一个重要的时代课题，即我们革命是为了什么？革命是为了更好地造福人民、为人民谋福利，坚守马克思主义的核心价值追求。邓小平理论为什么是马克思主义理论？因为它把"三个有利于"作为评价一切改革成败得失的根本标准，最终落实到是否有利于人民生活水平的提高。它回答了一个重大的时代课题，即改革是为了什么？改革为了更好地造福人民、为人民谋福利，坚守了马克思主义的核心价值追求。"三个代表"重要思想为什么是马克思主义？因为它提出要把我们党建设成"三个代表"，最终是要代表中国最广大人民群众的根本利益。它回答了一个重大的时代课题，即党的建设是为了什么？党的建设是为了更好地造福人民、为人民谋福利，坚守了马克思主义的核心价值追求。科学发展观为什么是马克思主义？因为科学发展观的核心是以人为本，也就是"发展为了人民，发展依靠人民，发展成果由人民共享"①。它回答了一个重大的时代课题，即发展是为了什么？发展是为了更好地造福人民、为人民谋福利，坚守了马克思主义的核心价值追求。党的十八大以来，以习近平同志为核心的党中央秉承人民至上的治国理政的核心理念，视之为党和人民事业不断发展的根本灵魂。2012 年 11 月 15 日，从十八届中央政治局常委同中外记者见面时开始，习近平总书记就在不同场合不断地阐述必须坚持以人民为中心的发展思想。"人民对美好生活的向往，就是我们的奋斗目标。"②"中国梦归根到底是人民的梦，必须紧紧依靠人民来实现，必须不断为人民造福。"③"以人为本、一切为了人民福祉，是我国经济发展不可动摇的目标。在经济发展的基础上不断提高人民生活水平，是党和国家一切工作的根本目的。检验我们一切工作的成效，最终都要看人民是否真正得到了实惠，人民生活是否真正得到了改善。""在前进道路上，我们一定要坚持从维护最广大人民根本利益的高度，多谋民生之利，多解民生之忧，在学有所教、劳有所得、病有所医、老有所养、住有所居上持续取得新进展。"在 2016 年"七一"重要讲话中，习近平总书记进一步强化了党的根本宗旨，要求全党同志要把人民放在心中最高位置，坚持全心全意为人民服务，实现好、维护好、发展好最广大人民根本利益，把人民拥护不拥护、赞成不赞成、高兴不高兴、答应不答应作为衡量一切工作得失的根本标准，使我们党始终拥有不竭的力量源泉。习近平总书记治国理政思想回答了一个重大

---

① 胡锦涛：《在孙中山先生诞辰 140 周年纪念大会上的讲话》，人民出版社 2016 年版，第 6 页。

② 习近平：《习近平谈治国理政》，外文出版社 2014 年版，第 3 页。

③ 习近平：《习近平谈治国理政》，外文出版社 2014 年版，第 40 页。

的时代课题，即我们党治国理政是为什么？就是要带领人民创造幸福生活，顺应人民群众对美好生活的向往，坚持以人民为中心的发展思想，始终坚持人民的主体地位，更好地造福人民，为绝大多数人谋福利，坚守了马克思主义的核心价值追求。

当年铁人王进喜有一句名言："不干，半点马克思主义都没有"，还要再加一句"离开了人民的立场，离开了群众观点，离开了为大多数人谋福利，半点马克思主义都没有"。正如 2016 年 7 月 1 日习近平总书记在庆祝中国共产党成立 95 周年大会上的讲话中所强调的："人民立场是中国共产党的根本政治立场，是马克思主义政党区别于其他政党的显著标志。"① 可见，始终关注人民群众的根本利益，不仅是我们党的根本宗旨和立党之本，更是当代中国共产党人价值取向的核心目标。正如习近平总书记一再强调的："始终站在人民大众立场上，始终不脱离、不动摇这个立场，这是共产党人掌握马克思主义世界观的重大问题"。

二、中国特色社会主义是实现马克思主义核心价值追求的根本路径

实现每个人的自由全面发展，是马克思主义理论一以贯之的最高理想、价值追求和逻辑起点，这个价值理性也一直处在人类共同价值的制高点。马克思主义理论就是关于无产阶级革命和人类解放的理论和纲领体系。什么是马克思主义，什么是社会主义？这两个

---

① 习近平：《在庆祝中国共产党成立 95 周年大会上的讲话》，人民出版社 2016 年版，第 18 页。

问题实际上是一个问题，是一个问题的两个方面。列宁就曾说过："科学社会主义学说，也就是马克思主义。"① 邓小平也说过："马克思主义的另一个名词叫共产主义。"② 马克思主义是灵魂，社会主义是载体，马克思主义是价值追求，而社会主义是实现方式。如果马克思主义离开了社会主义，它只能成为空想，只能成为空中楼阁；如果社会主义没有了马克思主义就会丢魂，就会走邪路。所以，社会主义就是实现马克思主义的手段，也就是说，要为人民大众谋福利，要为人民大众的解放而进行制度设计。

什么是主义？主义就是核心价值追求，你把什么作为核心价值追求就是什么主义。什么是资本主义？资本主义就把资本的逻辑作为核心价值追求。资本本性就是逐利。马克思在《资本论》中用一段话把资本的本性揭露得淋漓尽致："资本来到世间，从头到脚，每一个毛孔都滴着血和肮脏的东西。资本害怕没有利润或利润太少，就像自然界害怕真空一样。一旦有适当的利润，资本就大胆起来。如果有 10% 的利润，它就保证到处被使用；有 20% 的利润，它就活跃起来；有 50% 的利润，他就铤而走险。为了 100% 的利润，它就敢践踏一切人间法律。有 300% 的利润，它就敢犯任何罪行，甚至冒绞首的危险。"③ 如果你的制度安排、制度设计和制度理念都是围绕着让资本的本性充分涌流而提供有效的制度保障，那么，这就是资本主义制度，这样的社会就是资本主义社会，这样的文化就是资本主义文化。资本的逻辑所带来的后果是为了利润的追

---

① 《列宁专题文集　论马克思主义》第 5 卷，人民出版社 2009 年版，第 303 页。

② 《邓小平文选》第三卷，人民出版社 1993 年版，第 137 页。

③ 《资本论》第 1 卷，人民出版社 2004 年版，第 871 页。

求，可以不顾一切，达到了疯狂的地步。马克思曾经把资本主义比喻成一场瘟疫。实际上，按照今天的医学常识，我们可以把资本主义形象地比喻成一场癌症。我们今天所遇到的一系列问题，从一定意义上来说，都是在资本逐利的本性驱使下，不断地发现和掌握工具理性，在消费主义的推动下，为了满足人们永无止境的欲望，不断地向自然索取。以至于"不知常，妄作凶"。"常"就是"道"，不知"道"，而悖道而行，必然会作茧自缚。中国特色社会主义是根植于中国传统文化土壤之上的。中国传统文化中的精髓，确实为克服资本的逻辑提供了一服良药。这就是中国"合道顺德"的传统文化精神。中国的传统文化中蕴含着"知足不辱，知止不殆"的"道"精神。资本的逻辑的致命缺陷就是不知足、不知止，在利润的驱动下就好像恶性肿瘤一样，疯狂地失去了理性，导致毁灭。

社会主义正是对资本逻辑的扬弃，而对资本主义的一种拨乱反正。所谓社会主义，就是把社会的整体利益和理性价值作为核心价值追求。如果你的制度理念、制度安排和制度设计是围绕着让社会的整体利益得到有效满足提供充分的制度保障，这就是社会主义制度，这样的社会就是社会主义社会，这样的文化就是社会主义文化。

以上是对社会主义的理论理解，那么从实践的意义上看什么是社会主义呢？我认为邓小平认识得很清楚。邓小平是个政治家，政治家和理论家不同，理论家考虑问题的出发点是怎么解释问题，但是政治家考虑问题的出发点主要怎么解决问题。理解政治家的命题要具有问题意识，坚持问题导向。邓小平作为政治家，他指出："不争论，是我的一个发明，是为了争取时间干。一争论就复杂了，把时间都争掉了，什么也干不成。"不争论什么？就是不要总是争论"姓资姓社"。为什么不争论？他知道这个问题主要不是一个理论问题，而是一个实践问题，仅仅争论是搞不清楚的。邓小平最初对什么是社会主义从来不从正面回答，他总是告诉我们什么不是社会主义。他从最简单的问题最容易达成共识的问题入手，他回答的第一个问题就是"贫穷不是社会主义"。这个判断，任何人都不能否定，也不能否定。既然"贫穷不是社会主义"，那么从实践上来看就要发展生产力。为什么会贫穷？邓小平在《解放思想，实事求是，团结一致向前看》这篇讲话中明确指出："不讲多劳多得，不重视物质利益，对少数先进分子可以，对广大人民群众不行，一段时间可以，长期不行。革命精神是非常宝贵的，没有革命精神就没有革命行动，但是，革命是在物质利益的基础上产生的，如果只讲牺牲精神，不讲物质利益，那就是唯心论。"① 就是因为不讲多劳多得，搞大锅饭和平均主义，发展缺乏动力，所以吃饭都出了问题。所以邓小平指出，要改革。改革就是要讲多劳多得。改革就是结构调整，涉及两个结构调整，一个是组织结构调整，由以集体为单位调整为以家庭和个体为单位；另一个是分配结构调整，由平均主义调整为多劳多得。结构变了，本质就发生了变化，由计划经济转变成了市场经济。既然引入了市场经济，必然要发挥资本的逻辑。一个市场中如果没有资本，那么就好像一个舞台没有演员一样，是没有办法运行的。但是，既然发挥了资本的逻辑，引入了市场经济，如果资本得不到制约，市场离开了调节，那么，我们原

---

① 中共中央文献研究室：《邓小平同志论改革开放》，人民出版社1989年版，第7页。

来所批判和革命的资本主义的现象就会死灰复燃。邓小平早就认识到了这个问题，在1985年全国科学技术大会的开幕式上，他最后脱稿讲了一段话："如果我们的政策导致两极分化，我们就失败了；如果产生了什么新的资产阶级，那我们就真是走了邪路了。"①这个时候，他又说了一句话，"两极分化"也不是社会主义。后来，他说"没有民主就没有社会主义""没有法制也没有社会主义"，等等。在南方谈话中，面对新一轮"姓资姓社"的争论，经过十几年的改革开放实践，对于社会主义本质的认识具备了一定的现实基础，邓小平第一次明确回答了这一问题，这就是我们所熟悉的社会主义本质论：社会主义的本质就是解放生产力，发展生产力，消灭剥削，消除两极分化，最终达到共同富裕。我们要用问题意识来理解邓小平的社会主义本质论。"解放生产力，发展生产力"主要是针对离开生产力抽象谈论社会主义这种历史唯心主义而谈的。"消灭剥削，消除两极分化"是针对资本的逻辑和市场的缺陷而谈的。一个是生产力标准，一个是生产关系标准。一个是服从效率原则，一个是服从公平正义原则。

邓小平的理解是非常深刻的。马克思在《1844年经济学哲学手稿》中描述了未来的共产主义："作为完成了的自然主义，等于人道主义，而作为完成了的人道主义，等于自然主义，它是人和自然界之间、人和人之间矛盾的真正解决"。这里提到两个主义，即自然主义和人道主义。自然主义就是满足人的自然需要，就要生产力高度发达。人道主义就是要服从公平正义。二者的有机统一就是共产主义。习近平总书记曾把二者形象地比喻成"做大蛋糕"和

---

① 《邓小平文选》第三卷，人民出版社1993年版，第110页。

"分好蛋糕"。二者在对立面中达到统一，不能离开一个方面去认识和把握另外一个方面。如果不把蛋糕做大，就没有蛋糕可分，也就无所谓公平正义。如果不把蛋糕分好，就会影响做蛋糕的积极性，也就没有蛋糕可分。但是，我们的任务不是仅仅做蛋糕和分蛋糕，而是让人民群众吃好蛋糕，这就是邓小平说的最后一句话，"最终达到共同富裕"，也就是"共享是社会主义的本质属性"。

邓小平多次把两个问题相提并论，就是马克思主义和社会主义。比如，他提出坚持四项基本原则，就是坚持马克思列宁主义、毛泽东思想，坚持社会主义道路。在南方谈话中他说什么是马克思主义和什么是社会主义我们过去不是完全清醒的。针对苏东剧变，苏联解体，有些人惊慌失措，邓小平说不要惊慌失措，不要以为马克思主义消失了，没用了，失败了，哪有这么回事？人民经受锻炼，接受教训，社会主义会朝着更健康的方向发展。社会主义就消失了，没有这回事，他多次强调。为什么？因为在邓小平看来，什么是马克思主义，什么是社会主义根本就不是两个问题，本来就是一个问题，是一个问题的两个方面。

马克思主义是灵魂，社会主义是载体，马克思主义是价值追求，而社会主义是实现方式。如果马克思主义离开了社会主义，它只能成为空想，只能成为空中楼阁，如果社会主义没有了马克思主义，就会丢魂，就会走邪路，苏联的教训就是这样。所以社会主义就是实现马克思主义手段，也就是说要为大众谋福利，要为这个追求而进行制度设计。

从中我们可以看到一个清晰的逻辑，马克思主义无论有多少种理论形态，其灵魂是永远不变的"道"。但是，每个国家，每个地区，每个民族，由于历史文化传统不同，面临的时代课题不同，人民的愿望和要求不同，他们可以选择，也必须选择"造福人民，为大多数人谋福利"这一价值追求的不同的具体路径，要这样看的话，实际上社会主义有各种不同的形态。苏联解体，苏东剧变并不能说明社会主义的失败，更不能说明马克思主义的失败，只能说明是苏联模式的具体路径的失败。同样的道理，中国特色社会主义的成功，也并不能说明中国特色社会主义是放之四海而皆准的唯一正确的社会主义现代化道路，只能说明是每个国家，每个民族可以而且必须选择适合自己的道路。

道路关乎党的命脉，关乎国家前途、民族命运、人民幸福。在中国这样一个经济文化十分落后的国家探索民族复兴道路，是极为艰巨的任务。习近平总书记在参观《复兴之路》展览时指出："改革开放以来，我们总结历史经验，不断艰辛探索，终于找到了实现中华民族伟大复兴的正确道路，取得了举世瞩目的成果。这条道路就是中国特色社会主义。"① 在《全面贯彻落实党的十八大精神要突出抓好六个方面工作》中指出："中国特色社会主义伟大实践，不仅使我们国家快速发展起来，使我国人民生活水平快速提高起来，使中华民族大踏步赶上时代前进潮流、迎来伟大复兴的光明前景，而且使中国人民和中华民族为世界和平与发展作出了重大贡献。事实雄辩地证明，要发展中国、稳定中国，要全面建成小康社会、加快推进社会主义现代化，要实现中华民族伟大复兴，必须坚定不移坚持和发展中国特色社会主义。"② 2013 年 12 月 26 日习近平总书记在纪念毛泽东同志诞辰 120 周年座谈会上的讲话中指出：

---

① 习近平：《习近平谈治国理政》，外文出版社 2014 年版，第 35 页。

② 中共中央文献研究室：《习近平关于实现中华民族伟大复兴的中国梦论述摘编》，中央文献出版社 2013 年版，第 21 页。

"道路决定命运，找到一条正确道路是多么不容易。中国特色社会主义不是从天上掉下来的，是党和人民历尽千辛万苦、付出各种代价取得的根本成就。改革开放前的社会主义实践探索，是党和人民在历史新时期把握现实、创造未来的出发阵地，没有它提供的正反两方面的历史经验，没有它积累的思想成果、物质成果、制度成果，改革开放也难以顺利推进。一切向前走，都不能忘记走过的路；走得再远、走到再光辉的未来，也不能忘记走过的过去。我们要把党和人民 90 多年的实践及其经验，当做时刻不能忘、须臾不能丢的立身之本，既不妄自菲薄、也不妄自尊大，毫不动摇走党和人民在长期实践探索中开辟出来的正确道路。"①

"方向决定道路，道路决定命运。中国特色社会主义不是从天上掉下来的，是党和人民历尽千辛万苦、付出巨大代价取得的根本成就。中国特色社会主义，既是我们必须不断推进的伟大事业，又是我们开辟未来的根本保证。"② 我们说的道路自信、理论自信、制度自信、文化自信，来源于实践、来源于人民、来源于真理。中国特色社会主义这条道路来之不易，它是在改革开放 30 多年的伟大实践中走出来的，是在中华人民共和国成立 60 多年的持续探索中走出来的，是在对近代以来 170 多年中华民族发展历程的深刻总结中走出来的，是在对中华民族 5000 多年悠久文明的传承中走出来的，具有深厚的历史渊源和广泛的现实基础。我们要在深入把握中国特色社会主义的科学性和真理性的基础上增强自信，在领导人

---

① 习近平：《在纪念毛泽东同志诞辰 120 周年座谈会上的讲话》，人民出版社 2013 年版，第 14 页。

② 习近平：《在庆祝中国共产党成立 95 周年大会上的讲话》，人民出版社 2016 年版，第 12 页。

民推进改革开放和社会主义现代化建设的进程中继续开拓，按照党的十八大提出的坚持和发展中国特色社会主义的基本要求，不断开创中国特色社会主义事业新局面。

习近平总书记指出："全党同志必须牢记，我们要建设的是中国特色社会主义，而不是其他什么主义。历史没有终结，也不可能被终结。中国特色社会主义是不是好，要看事实，要看中国人民的判断，而不是看那些戴着有色眼镜的人的主观臆断。中国共产党人和中国人民完全有信心为人类对更好社会制度的探索提供中国方案。"① 改革开放30多年来，我国经济社会发展取得了翻天覆地的成就，成为国际舞台上具有重要影响力的世界大国，这既是中国特色社会主义政治发展道路的实践成果，也是当代中国政治体制强大生命力和优越性的生动证明，同时也破除了西方民主为普世价值的神话。中国道路的成功充分证明了，一个国家实行什么样的政治制度、走什么样的发展道路，归根结底取决于这个国家的具体国情和历史文化条件。只有扎根本国土壤、汲取充沛养分的民主制度，才最可靠、也最管用。中国特色政治民主制度，就是内生于中国国情基础上的，它扎根于本土，最可靠、也最管用。

中国特色社会主义的辉煌成就，充分说明了中国特色社会主义是在当代中国实现马克思主义根本价值追求的科学道路，也是科学社会主义在中国的成功实践，充分体现了共享这一社会主义的本质要求。中国特色社会主义正是站在"造福人民"这一共同价值的制高点，中国共产党人领导全国人民进行的伟大历史实践。

---

① 习近平：《在庆祝中国共产党成立95周年大会上的讲话》，人民出版社2016年版，第12页。

三、坚持人民至上就要实现中华 民族伟大复兴的中国梦

"每个人都有理想和追求，都有自己的梦想。现在，大家都在讨论中国梦，我以为，实现中华民族伟大复兴，就是中华民族近代以来最伟大的梦想。这个梦想，凝聚了几代中国人的夙愿，体现了中华民族和中国人民的整体利益，是每一个中华儿女的共同期盼。"这是 2012 年 11 月 29 日，习近平总书记带领新一届中央政治局常委参观《复兴之路》展览时首次对中国梦进行的阐述。在此之后，他又多次谈及中国梦，使得中国梦的内涵不断丰富，外延不断扩展。2013 年 3 月，习近平总书记在十二届全国人大一次会议闭幕会上进一步指出："实现中华民族伟大复兴的中国梦，就是要实现国家富强、民族振兴、人民幸福。中国梦归根到底是人民的梦。"进一步明确了实现中国梦的"两个一百年"目标，即到中国共产党成立一百年时全面建成小康社会的目标一定能实现，到新中国成立一百年时建成富强民主文明和谐的社会主义现代化国家的目标一定能实现，中华民族伟大复兴的梦想一定能实现。

中国梦是历史的、现实的，也是未来的，既承担着中华民族的历史使命，又承担着当代中国的使命，也承担着未来中国发展走向的使命。中国梦的孕育昭示近代中国为实现民族独立、人民解放和国家富强、人民富裕两大历史任务作出的不懈努力。1840 年鸦片战争爆发，标志着古老封建帝国被迫卷入资本主义发展轨迹，也标志着中华民族走进落后挨打与苦难抗争的近代史。面对列强一次次入侵，优秀的中国人渴望民族独立国富民强，并踏上了漫长的救亡

图存、民族独立之旅，为国家民族的复兴提出一个又一个梦想，其中代表性的有农民阶级的"天国梦"，地主阶级的"洋务梦"，资产阶级的"维新梦"和"共和梦"。一个个寻梦的努力，终因没有找到一条适合中国自己的发展道路，没有坚强有力的先进政党领导而告以失败。

中国共产党自诞生之日起，就接过孙中山先生"振兴中华"的旗帜，担负起实现中华民族伟大复兴的历史使命和伟大梦想，使民族独立与国富民强的梦想从此呈现新曙光。幼年的中国共产党在血与火的严峻考验中，开辟"农村包围城市、武装夺取政权"的中国革命崭新道路，并最终推翻了"三座大山"，取得了新民主主义革命的胜利，实现了民族独立和人民解放的梦想，揭开了中华民族走向国家繁荣富强、人民共同富裕梦想的崭新篇章。新中国成立后的60多年，中国梦经历了对社会主义的艰辛探索，历经百转千回终于找到了中国特色社会主义道路，不断丰富和完善了国家富强、民族振兴、人民幸福的时代主题和本质内涵，展现出新的光明前景。中国人民在追梦的征程上历经沧桑但也创造了无数人间奇迹，即将迎来一个梦想成真的时代。

2012年11月15日，习近平总书记在十八届中央政治局常委同中外记者见面时说："我们的民族是伟大的民族。在五千多年的文明发展历程中，中华民族为人类文明进步作出了不可磨灭的贡献。近代以后，我们的民族历经磨难，中华民族到了最危险的时候。自那时以来，为了实现中华民族伟大复兴，无数仁人志士奋起抗争，但一次又一次地失败了。中国共产党成立后，团结带领人民前仆后继、顽强奋斗，把贫穷落后的旧中国变成日益走向繁荣富强的新中国，中华民族伟大复兴展现出前所未有的光明前景。我们的责任，就是要团结带领全党全国各族人民，接过历史的接力棒，继续为实现中华民族伟大复兴而努力奋斗，使中华民族更加坚强有力地自立于世界民族之林，为人类作出新的更大的贡献。"①

社会发展是一个继往开来、不断前进的历史过程。在生产力与生产关系、经济基础与上层建筑的相互作用下，一个社会不断地从低级阶段向高级阶段迈进，低级阶段为高级阶段积累物质基础，高级阶段在新的层次上解决低级阶段所带来的问题。改革开放30多年，正是党领导人民进行前无古人的中国社会主义现代化建设，不断实现新的跨越的伟大历史过程。30多年，中国走出了一条历经风雨艰辛和磨炼却执著向前的路；30多年，中国走出了一条熬过饱受挫折和痛楚却铸就辉煌无限的路；30多年，中国不再犹豫不再彷徨，傲然屹立于世界之林，用更稳健的步伐走向繁荣富强。中国社会主义现代化建设取得了举世瞩目的成就，把一个脱胎于半殖民地半封建社会的落后的农业国建设成为初步繁荣昌盛的社会主义现代化国家，物质文明、政治文明、精神文明、社会文明和生态文明建设都实现了历史性的突破，这就为我们在新的历史起点上实现中华民族伟大复兴的中国梦奠定了坚实基础。

今天，中国梦的目标不断接近，实现中国梦的信心越来越强。习近平总书记更明确指出，我们比历史上的任何时期都更加接近中华民族伟大复兴这个目标，比历史上的任何时期都更有信心、有能力实现这个目标。

这就需要我们协调推进"四个全面"战略布局。"四个全面"

---

① 中共中央文献研究室：《习近平关于实现中华民族伟大复兴的中国梦论述摘编》，中央文献出版社2013年版，第3页。

战略布局是一个有机联系、相互贯通的完整体系，为实现中国梦擘画出清晰路线图。实现中华民族伟大复兴的中国梦，是一个长期而艰巨的历史任务，迫切需要战略布局。全面建成小康社会是奋斗目标，是我们实现社会主义现代化和中华民族伟大复兴中国梦的阶段性目标，具有战略统领和目标牵引作用。全面深化改革与全面推进依法治国同为支撑，共同支撑和推动奋斗目标的实现。全面深化改革是实现奋斗目标的根本路径、关键一招、强大动力，全面推进依法治国是实现奋斗目标的基本方式和可靠保障。中国共产党是中华民族伟大复兴的领导核心，全面从严治党具有全局性、根本性，只有通过全面从严治党才能使我们党坚强起来，才能在全面建成小康社会、全面深化改革、全面推进依法治国的进程中发挥领导核心作用，因而全面从严治党是实现前三个全面的坚强保证。"四个全面"作为相辅相成、相互支撑、内在统一的整体。"四个全面"协调推进，四足鼎立，共同托举起实现"两个一百年"奋斗目标、实现中华民族伟大复兴中国梦的伟大理想。

全面建成小康社会在"四个全面"战略布局中是目标系统。实现这个目标是实现中华民族伟大复兴中国梦的关键一步，最终旨向中华民族伟大复兴的中国梦。习近平总书记指出："实现全面建成小康社会、建成富强民主文明和谐的社会主义现代化国家的奋斗目标，实现中华民族伟大复兴的中国梦，就是要实现国家富强、民族振兴、人民幸福，既深深体现了今天中国人的理想，也深深反映了我们先人们不懈追求进步的光荣传统"①；"中国已经进入全面建

———————————

① 习近平：《在第十二届全国人民代表大会第一次会议上的讲话》，人民出版社 2013 年版，第 3 页。

成小康社会的决定性阶段。实现这个目标是实现中华民族伟大复兴中国梦的关键一步"①。这些重要论断告诉我们，全面建成小康社会是实现中国梦的阶段性目标，在实现中国梦中具有重要的历史地位。

全面深化改革在"四个全面"战略布局中是一个动力系统。通过全面深化改革，做到进一步解放思想，进一步解放和发展社会生产力，进一步解放和增强社会活力，从而扫除制约生产力和社会发展的制度藩篱，从而为中华民族伟大复兴提供强大的动力。习近平总书记强调：改革开放是决定当代中国命运的关键一招，也是决定实现"两个一百年"奋斗目标、实现中华民族伟大复兴的关键一招。实现党的十八大描绘的全面建成小康社会、加快推进社会主义现代化、实现中华民族伟大复兴的宏伟蓝图，要求全面深化改革。全面深化改革就是要着力解决影响全面建成小康社会、影响实现中华民族伟大复兴中国梦的各种突出矛盾和问题，事关中国共产党成立一百年时全面建成小康社会目标的实现，事关新中国成立一百年时建成富强民主文明和谐的社会主义现代化国家目标的实现，也事关中华民族伟大复兴中国梦目标的实现。

全面推进依法治国在"四个全面"战略布局中是一个保障系统。通过推进全面依法治国，使我们的改革和发展不可任性和随意而为，在法治的轨道内有序进行，从而更好地避免出现颠覆性的错误，从而为实现"两个一百年"奋斗目标和中华民族伟大复兴中国梦提供基本的法治保障。法治和人治问题是人类政治文明史上的一个基本问题，也是各国在实现现代化过程中必须面对和解决的一个重大问题。纵观世界近现代史，凡是顺利实现现代化的国家，没

---

① 习近平：《习近平谈治国理政》，外文出版社 2014 年版，第 314 页。

有一个不是较好解决了法治和人治问题的。相反，一些国家虽然也一度实现快速发展，但并没有顺利迈进现代化的门槛，而是陷入这样或那样的"陷阱"，出现经济社会发展停滞甚至倒退的局面。后一种情况很大程度上与法治不彰有关。我国是一个有 13 亿多人口的大国，地域辽阔，民族众多，国情复杂。我们党在这样一个大国执政，要保证国家统一、法制统一、政令统一、市场统一，要实现经济发展、政治清明、文化昌盛、社会公正、生态良好，都需要秉持法律这个准绳、用好法治这个方式。全面依法治国是着眼于实现中华民族伟大复兴中国梦、实现党和国家长治久安的长远考虑，是一件为长远发展谋、为子孙万代计的大事，它与全面深化改革是"鸟之两翼""车之双轮"，成为上下贯通的"姊妹篇"，是党中央治国理政的重要方略。

全面从严治党在"四个全面"战略布局中是一个组织保证系统。"打铁还需自身硬"。坚持全面从严治党，切实解决自身存在的突出问题，切实改进工作作风，密切联系群众，使我们党始终成为中国特色社会主义事业的坚强领导核心，从而为中华民族伟大复兴的中国梦提供坚强的组织保证。办好中国的事情，关键在党。我们党的形象和威望、党的创造力凝聚力战斗力不仅直接关系党的命运，而且直接关系国家的命运、人民的命运、民族的命运。习近平总书记在 2014 年 10 月党的群众路线教育实践活动总结大会上提出了全面从严治党的战略任务，并指出："历史使命越光荣，奋斗目标越宏伟，执政环境越复杂，我们就越要增强忧患意识，越要从严治党"①。治

① 习近平：《在党的群众路线教育实践活动总结大会上的讲话》，人民出版社 2014 年版，第 12 页。

党全面了、从严了，我们党就坚强有力。党坚强有力，党同人民保持血肉联系，国家就繁荣稳定，人民就幸福安康，我们的事业就无往而不胜。全面从严治党，不仅对全面建成小康社会、全面深化改革、全面依法治国起着政治保证、组织保证的重要作用，而且是引领民族复兴的关键所在。

对于"四个全面"战略布局，打个比方，中国就像一列高速行驶的火车一样，首先要明确你的目的地，在这个问题上要有战略定力，不能朝三暮四，不能有丝毫的动摇，这个就是实现中华民族伟大复兴的中国梦。其次要选择一条正确的道路，这就是中国特色社会主义道路。然后开足马力向既定目的地奋勇前行，这就是通过改革解决影响阻碍我们发展的各种各样因素，从而为发展创造巨大空间，从而为整个民族复兴进程提供动力。但是，中国就像一列高速火车一样，他的真正危险不是效益问题，他的真正危险是脱轨或者翻车。一旦脱轨、翻车后果不堪设想。就像习近平总书记说的，颠覆性错误一经出现无可挽回。怎么避免？那就是改革不能任性，发展不能随意而为，用法治手段把我们改革发展限定在既定轨道之内。一列火车安全快速到达目的地，我们是不是还得有一个驾驶员，就是把握方向盘的人，这个人就是中国共产党。

中国最大的危险就是四分五裂、一盘散沙，而能够把这些力量凝聚起来，除了中国共产党，没有任何一个政治组织有这样的力量和具备这样的条件，所以习近平总书记说，坚持党的领导，我们要理直气壮地讲，大张旗鼓地讲，我们要有这样的自信。但是这并不是说明，我们可以理所当然地说，我们就是执政党嘛。习近平总书记强调，"打铁还需自身硬"。我们打的铁很硬，面临的挑战很严峻，责任很重大，使命很光荣，要把这么硬的铁打好，打铁的人首先要成为一个铁打的人。打铁的人怎么才能够成为一个铁打的人呢？那就需要加强内功修炼，强骨健体，这就需要全面从严治党。通过全面从严治党，保持先进性和纯洁性，提高战斗力和凝聚力，把我们党打造成一个坚强的领导集体，担负起伟大的神圣使命。

通过协调推进"四个全面"战略布局，我们不断实现"四个伟大"的统一，即党的建设这个伟大工程、新的历史特点的伟大斗争、中国特色社会主义伟大事业以及中华民族伟大复兴的中国梦。其中核心是党的建设这个伟大工程，通过伟大工程提高我们党的战斗力和凝聚力，保持先进性和纯洁性，才能够更好地带领人民群众开展新的历史特点的伟大斗争，坚持和发展中国特色社会主义伟大事业，进而实现中华民族伟大复兴的中国梦。其目标是中华民族伟大复兴，伟大工程、伟大斗争、伟大事业都是为了伟大复兴。中国梦就是国家富强、民族振兴和人民幸福。归根结底在于人民幸福，国家富强和民族振兴都是为了人民幸福，也就是践行马克思主义"造福人民，为绝大多数人谋福利"这一核心价值追求。

第二讲

辩证思维与统筹兼顾

习近平总书记强调："领导干部特别是高级干部要把系统掌握马克思主义基本理论作为看家本领。"① 辩证思维作为辩证唯物主义的重要组成内容，是中国共产党人科学思维方法的精华所在，是各级领导干部在实践过程中应该自觉掌握并加以应用的思想武器。辩证思维的实践智慧在具体工作中集中表现为统筹兼顾的方法论。党的领导人深谙"弹钢琴"的艺术，历来善于运用矛盾的观点认识世界、改造世界，并取得了一系列的重大胜利和辉煌成果。

古人云："工欲善其事，必先利其器。"辩证思维与统筹兼顾正是共产党人在新时期治国理政的看家法宝与锋锐利器。

一、坚持唯物辩证的思想方法

辩证思维具有科学的理论内涵，是辩证唯物主义的重要构成。中国共产党人历来重视应用辩证思维来指导实践，形成了统筹兼顾的方法论。辩证思维与统筹兼顾是我们必须坚持用好的科学的思想

---

① 习近平：《习近平谈治国理政》，外文出版社 2014 年版，第 153 页。

方法与工作方法，对于治国理政具有重要的方法论指导意义。

（一）辩证思维的科学内涵

把握辩证思维的科学内涵需要承认辩证思维的客观性。辩证思维，即主观辩证法源自对客观辩证法的反映。正如恩格斯所说："所谓客观辩证法是支配着整个自然界的，而所谓主观辩证法，即辩证的思维，不过是自然界中到处盛行的对立中的运动的反映而已。"① 关于辩证思维的相关研究定义也指出："辩证思维：辩证逻辑的研究对象。指人们通过概念、判断、推理等思维形式对客观事物辩证发展的反映。"② 因此，辩证运动着的客观世界是辩证思维形成和发展的客观基础。另外，辩证法规律客观地存在并作用于各种思维形式之中。列宁指出："存在着具有客观意义的概念的辩证法和认识的辩证法。"这一论述表明，作为主观辩证法的辩证思维与自然界普遍存在的其他对立运动一样，它是客观存在的。不论人们是否意识到它，是否认识到它，它都存在并且在概念、判断、推理等人类思维过程中客观地发挥着作用。

把握辩证思维的科学内涵需要认识到辩证思维是人类思维的高级形态。辩证思维的形成虽然是以客观世界的辩证运动为基础的，并同样受到辩证法规律的支配，但并不能将辩证思维与客观世界运动发展所遵循的辩证法规律及其具体的展现形态简单地等同起来。他们虽然本质同源，却又具有不同的特性。客观辩证法客观地存在于自然界和人类社会的运动和发展之中，且必然地发挥着作用，而

---

① 《马克思恩格斯全集》第20卷，人民出版社1971年版，第553页。
② 《中国大百科全书》（哲学卷Ⅰ），中国大百科全书出版社1987年版，第54页。

主观辩证法的应用和展现则离不开人类意识。人类意识必须承认它、认识它，并自觉地应用它，辩证思维才能够成为人们改造主客观世界有力的方法论武器。辩证思维对客观世界辩证运动的把握也绝非是静止的、机械的，相反，它必然需要能动地、主体性地作用于客观世界与人自身。而这也表明，辩证思维并不是可以轻易达到的，它是人类思维的高级形态。因此，有的人虽然同样在应用范畴、判断、推理来认知和把握世界，而且在这一过程中辩证法规律的确默默地在发挥效用，但这样的"辩证思维"无疑只是朴素的、被动地、无意识地、受支配的，也不容易准确把握事物运动的内在矛盾，更无所谓自觉地应用辩证思维来推动事物的发展，而这其实也就远离了辩证思维的精粹所在。正如恩格斯所说："辩证的思维——正因为它是以概念本性的研究为前提——只对于人才是可能的，并且只对于较高发展阶段上的人（佛教徒和希腊人）才是可能的，而其充分的发展还晚得多，在现代哲学中才达到。"[①] 因此，要让辩证思维成为能够指导实践的思想利器并非朝夕之功可成，这需要有意识地、长时间地学习和培养，并养成自觉应用辩证思维分析问题、解决问题的思维习惯。

把握辩证思维的科学内涵的关键是承认矛盾、分析矛盾、解决矛盾。作为人类思维的高级形态，辩证思维的精华在于对于矛盾的科学态度。习近平总书记指出："辩证思维能力，就是承认矛盾、分析矛盾、解决矛盾，善于抓住关键、找准重点、洞察事物发展规律的能力。"[②] 他同时还强调，各级领导干部要认真学习和掌握马

---

① 《马克思恩格斯全集》第 20 卷，人民出版社 1971 年版，第 565 页。

② 中共中央宣传部：《习近平总书记系列重要讲话读本》，学习出版社、人民出版社 2014 年版，第 179 页。

克思主义立场观点方法，做到"正确分析矛盾，在对立中把握统一、在统一中把握对立，克服极端化、片面性，不断提升辩证思维能力。"① 坚持辩证思维，就要学习掌握事物矛盾运动的基本原理，学会在对立统一中把握事物的本质并推动事物的发展。无论是在自然界还是人类社会，任何事物内部和事物之间都包含着矛盾。正是矛盾双方的统一和斗争，推动着事物的运动、变化和发展，在改革领域同样如此。正是随着矛盾的不断运动、变化，我们的改革不断向纵深推进。任何忽视矛盾、回避矛盾、搁置矛盾的做法都不是共产党人倡导的科学实践态度，相反，共产党人以担当精神为旗帜，以问题意识为导向，历来敢于承认矛盾、直面问题，并善于在矛盾的对立统一之中寻求发展之道。诚如习近平总书记所言，我们"要学习掌握事物矛盾运动的基本原理，不断强化问题意识，积极面对和化解前进中遇到的矛盾。问题是事物矛盾的表现形式，我们强调增强问题意识、坚持问题导向，就是承认矛盾的普遍性、客观性，就是要善于把认识和化解矛盾作为打开工作局面的突破口。我们党领导人民干革命、搞建设、抓改革，从来都是为了解决中国的现实问题。对待矛盾的正确态度，应该是直面矛盾，并运用矛盾相辅相成的特性，在解决矛盾的过程中推动事物发展。"②

（二）统筹兼顾的优良传统与现实意义

"统筹兼顾的能力，就是要善于运用唯物辩证法认识和处理问

---

① 中共中央宣传部：《习近平总书记系列重要讲话读本》，学习出版社、人民出版社 2014 年版，第 179 页。

② 习近平：《在中共中央政治局第二十次集体学习时的讲话》，《人民日报》2015 年 1 月 25 日。

题，善于从千头万绪、纷繁复杂的事物中抓住主要矛盾和矛盾的主要方面，既统揽全局、统筹规划，又在重点突破中推动工作协调发展。"① 它是辩证思维的科学内涵在方法论层面上的集中展现，是我们在工作中坚持运用唯物辩证的思想方法所凝练出的实践智慧。这一科学的工作方法帮助我们在革命实践中取得了丰硕成果。

毛泽东最早对统筹兼顾的思想方法加以凝练，并将其形象地比喻为"弹钢琴"。他在《党委会的工作方法》中指出："弹钢琴要十个指头都动作，不能有的动，有的不动。但是，十个指头同时都按下去，那也不成调子。要产生好的音乐，十个指头的动作要有节奏，要互相配合。党委要抓紧中心工作，又要围绕中心工作而同时开展其他方面工作……不能只注意一部分问题而把别的丢掉。凡是有问题的地方都要点一下，这个方法我们一定要学会。"② 当时，中国革命虽然胜利在望，但面临的建设问题与国际环境仍然错综复杂。在这一历史进程中，我们面临着各种矛盾和问题，要处理好这些问题并推动国家进步，就要求我们在矛盾中处理好主次关系，围绕解决主要矛盾来抓全局。可以说，毛泽东从方法论的战略高度对统筹兼顾的论述是正当其时，为我们的前进提供了有力的指导。1956 年，毛泽东在《论十大关系》中进一步把统筹兼顾看作为社会主义建设的基本方法。1957 年，毛泽东在《关于正确处理人民内部矛盾的问题》中则将统筹兼顾看作是我们工作的"方针"。

邓小平、江泽民、胡锦涛等几任党和国家领导人都十分重视并丰富发展了统筹兼顾的思想。邓小平指出，我们必须按照统筹兼顾

---

① 习近平：《关于干部队伍建设的几点思考》，《习近平同志在中央党校2009 年春季学期开学典礼上的讲话》，2009 年 3 月 1 日。

② 《毛泽东选集》第四卷，人民出版社 1991 年版，第 1442 页。

的原则来调节各种利益的相互关系。在他的带领下，党和国家统筹全局，走出了思想僵化的平均主义，有重点地调动了广大人民群众的创造活力，拉开了改革开放的序幕。与此同时，邓小平还敏锐地认识到，发展起来以后的问题并不比不发展时少。他还说，现代化建设的任务是多方面的，各个方面需要综合平衡，不能单打一。在党的十四届五中全会上，江泽民从适应社会主义市场经济发展的方法论上总结历史经验，发表了《正确处理社会主义现代化建设中的若干重大关系》的重要讲话。提出必须牢牢把握"抓住机遇、深化改革、扩大开放、促进发展、保持稳定"的大局，正确处理好改革、发展、稳定三者关系。强调要善于统观全局，精心谋划，从整体上把握改革、发展、稳定之间的内在关系，做到相互协调，相互促进。胡锦涛在党的十七大报告中指出，深入贯彻落实科学发展观，必须坚持统筹兼顾。科学发展观提出统筹城乡发展、统筹区域发展、统筹经济社会发展、统筹人与自然和谐发展、统筹国内发展和对外开放等"五个统筹"来致力于处理各方面的突出矛盾，协调好各种利益关系，把统筹兼顾的方法论在理论和实践层面都推向了新高度。

在全面建成小康社会和实现中华民族伟大复兴的征程中，如何统筹兼顾、协调好各方面利益关系，是我们党在新的历史条件下要长期坚持的改革方法论，也是关系到加强我们党的执政能力建设的重大战略问题。习近平总书记历来十分看重统筹兼顾的方法论。他在浙江工作时就曾在《要学会十指弹琴》中对统筹兼顾进行了专门的论述，并指出："领导干部一定要学会全面辩证地看问题，在认识论上要有辩证统一的思想，在方法论上要学会统筹兼顾，在具体工作中要学会'十指弹琴'。我们强调发展不是不要稳定，强调稳定平安也不是忽视发展。我们要的是全面、协调、可持续的发展，加强宏观调控也是为了实现更好、更快、更健康的发展。"①在当选为中共中央总书记之后，习近平在谈到改革所面临的挑战时，更是从治国理政的高度，突出了统筹兼顾的重要实践意义，他说："在中国当领导人，必须在把情况搞清楚的基础上，统筹兼顾、综合平衡，突出重点、带动全局，有的时候要抓大放小、以大兼小，有的时候又要以小带大、小中见大，形象地说，就是要十个指头弹钢琴。"② 2016 年，习近平总书记就学习毛泽东《党委会的工作方法》作出重要批示，对各级党委（党组）领导班子成员特别是主要负责同志重温这篇著作提出明确要求。学会"弹钢琴"便是学习重点之一。的确，当今中国，要全面深化改革，涉及的问题方方面面，存在的矛盾错综复杂，面临的难题千头万绪。如果不懂得统筹兼顾，或将是一叶障目，只知其一不知其二，即便解决了某些问题，仍会顾此失彼，乃至满盘皆输；抓不住事关全局与长远的主要矛盾，其效果必然事倍功半。

总之，要全面深化改革，推进中国特色社会主义事业迈向新阶段，各级领导干部理应具备科学的辩证思维，并自觉用好统筹兼顾的工作方法。

二、正确处理各种辩证关系

在中共中央政治局第二十次集体学习时，习近平总书记便强

---

① 习近平：《之江新语》，浙江人民出版社 2007 年版，第 62 页。

② 习近平：《习近平谈治国理政》，外文出版社 2014 年版，第 102 页。

调："我们的事业越是向纵深发展，就越要不断增强辩证思维能力。当前，我国社会各种利益关系十分复杂，这就要求我们善于处理局部和全局、当前和长远、重点和非重点的关系，在权衡利弊中趋利避害、作出最为有利的战略抉择。"为此，"要学习掌握唯物辩证法的根本方法，不断增强辩证思维能力，提高驾驭复杂局面、处理复杂问题的本领。"[①]

（一）处理好局部和全局的关系

局部和全局是相辅相成的。局部是全局的组成部分，没有局部就无所谓全局。全局是相互联系的局部所构成的有机整体，局部总是处在全局的统摄之中，脱离全局且完全静止孤立的局部也是不存在的。习近平总书记指出："局部与全局相互依存，没有局部就无所谓全局，没有全局局部也不可能存在，既不能以局部代替全局，也不能以全局代替局部。"[②]

要处理好全局和局部的关系，一方面要认识到，从系统功能的角度来看，全局利益高于局部利益，全局起着主导作用。全局统筹着各个要素，规定着局部的作用和地位，并协调各个方面形成合力向着一个方向发展。正所谓"不谋全局者，不足谋一域"。在治国理政的方法论上，首先要懂得谋大利、避大害而不计一时一地之得失。当全局利益和局部利益产生冲突，不可兼得之时，要自觉做到局部服从全局，敢于放弃局部利益。毛泽东指出："共产党员必须

---

① 习近平：《在中共中央政治局第二十次集体学习时的讲话》，《人民日报》2015 年 1 月 25 日。

② 中共中央宣传部：《习近平总书记系列重要讲话读本》，学习出版社、人民出版社 2014 年版，第 51 页。

懂得以局部需要服从全局需要这一个道理。如果某项意见在局部的情形看来是可行的，而在全局的情形看来是不可行的，就应以局部服从全局。反之也是一样，在局部的情形看来是不可行的，而在全局的情形看来是可行的，也应以局部服从全局。这就是照顾全局的观点。"① 他还说："懂得了全局性的东西，就更会使用局部性的东西。"② 习近平总书记也多次强调要"胸怀大局、把握大势、着眼大事"，要"观大势、谋大事"，"在全面深化改革过程中，每一项改革既要考虑局部的具体情况，更要从大局出发，从全局上来统筹谋划。"③ 他还指出："要摈弃狭隘的小团体观念，克服各自为政、各行其是的错误做法"④。这类做法，缺乏核心意识，没有全国一盘棋的理念，不以全局利益为重，不仅损害全局，最终也会伤害地方和部门利益自身。另一方面，我们也要充分认识到，抽象的全局并不存在，实践中的全局，都是具体的、历史的、感性的。全局的功能能否优化，全局的目标能否实现，也有赖于各个局部的状态特性及其相互关系。一些局部的失误未必影响全局，但当这些局部问题堆成山，必然积重难返，丧失全局。再比如，各个要素的功能不健全，甚至缺乏必要的关键局部，全局就不完整，纵有经天纬地之才，全局也难以实现全面可持续的发展。此外，如果各个部分之间的关系不协调、结构不合理，相互掣肘，无法形成合力，甚至相互

---

① 《毛泽东选集》第二卷，人民出版社 1991 年版，第 525 页。

② 《毛泽东选集》第一卷，人民出版社 1991 年版，第 175 页。

③ 中共中央宣传部：《习近平总书记系列重要讲话读本》，学习出版社、人民出版社 2014 年版，第 51 页。

④ 习近平：《干在实处　走在前列——推进浙江新发展的思考与实践》，中共中央党校出版社 2006 年版，第 550 页。

损耗，也同样会导致全局功能弱化乃至系统的解体。因此，"维护全局利益，并不是否定局部利益，而是在维护全局利益的前提下，立足自身优势，发挥主观能动性，加快自身的发展步伐，共同促进全局更快更好地发展。"① 在统筹全局的同时，也必须做好全面安排，科学协调局部之间的关系，调动一切积极因素让局部来为全局服务。

（二）处理好当前和长远的关系

当前和长远的关系，体现了事物发展的阶段性和连续性相统一的辩证法。从事物发展的变迁形态来看，总体现着一个阶段向更高阶段的跃迁，在这种阶段性飞跃到来之前，则需要持续不断的积累，从而促使事物实现从低级到高级、从简单到复杂的发展。在这一过程之中，当前和长远的辩证关系也得以展现。没有长远规划，现实的发展便杂乱无章，甚至可能损害自身的根本利益。没有当前的积累，远景目标终究镜花水月，难以实现。

要处理好当前和长远的关系，首先要有放眼长远的胸襟和把握未来发展的能力。正所谓"不谋万世者，不足谋一时"。"不怕眼前落后，就怕眼光落后。要有远见、善预见，把握大势、辨清走势、审时度势，增强工作的预见性、前瞻性和决策的科学性。"② "我们做一切工作，都必须统筹兼顾，处理好当前和长远的关系。我们强调求实效、谋长远，求的不仅是一时之效，更有意义的是求

---

① 习近平：《干在实处　走在前列》，中共中央党校出版社 2006 年版，第 551 页。

② 习近平：《关于干部队伍建设的几点思考》，《习近平同志在中央党校 2009 年春季学期开学典礼上的讲话》，2009 年 3 月 1 日。

的长远之效。"① 而要真正做到既能放眼长远、胸怀大势，又能合理规划、成竹在胸，就应对事物发展的形势有科学的认知和准确的把握。"所谓形，就是事物存在的状态；所谓势，就是事物发展的趋势。形势是动态的，蕴含事物的发展规律，指示事物的前进方向。科学判断形势，历来是作出正确决策的前提，是推动决策实施的基础。"② 对当前的状态了然于心，才能精准定位并合理规划远景目标。对发展的趋势准确把握，才能如习近平总书记所言，做到"因势而谋、应势而动、顺势而为"。如党的十八大报告指出的"三个没有变"是我们的奋斗基础，为发展蓝图作出了精准定位。以习近平同志为核心的党中央提出的"两个一百年"奋斗目标和中华民族伟大复兴的中国梦，则高瞻远瞩地对国家的发展趋势作出了科学判断。历史洪流，浩浩荡荡，顺之者昌、逆之者亡。历史唯物主义的观点告诉我们，唯有符合历史规律的发展，才能致远而恒久；不符合发展趋势的前进，纵有小成亦不能自守，甚至会走向反面。而把握住了长远趋势也就能够更好地指导当前工作的开展。因此，在实际工作中，应以趋势为重、长远为先，使当前的工作和目标为实现远景的发展创造条件，必要时更要有牺牲眼前的利益来确保长远的利益的胆魄和气度。一方面，不能超越发展阶段，强求政绩。正如习近平总书记在宁德工作时所指出的那样，各级领导干部应时刻牢记"欲速则不达""过犹不及"的道理，克服经济建设中的急躁情绪和短期行为，做长期艰苦的努力。另一方面，更不能只

---

① 习近平：《之江新语》，浙江人民出版社 2007 年版，第 86 页。

② 习近平：《干在实处　走在前列》，中共中央党校出版社 2006 年版，第 27 页。

管眼前一时之得失，而不论身后洪水滔天。"千万不要'空前绝后'，出现'前任的政绩，后任的包袱'，甚至犯下不可补救的过失，造成不可挽回的损失。"① "要树立正确政绩观，多做打基础、利长远的事，不搞脱离实际的盲目攀比，不搞劳民伤财的'形象工程''政绩工程'，求真务实，真抓实干，勇于担当，真正做到对历史和人民负责。"②

要处理好当前和长远的关系，还需要立足当前，以一张蓝图绘到底的韧劲，积小胜为大胜，以致长远。放眼长远，并不是否定当前。而是在以长远发展为目标的前提下，自觉调动当前的积极因素，真抓实干，积跬步以至千里。"我们要牢记一个道理，政贵有恒。为官一方，为政一时，当然要大胆开展工作、锐意进取，同时也要保持工作的稳定性和连续性。"③ 事物的发展不可能脱离连续的积累而自发地实现阶段性的飞跃。倘若朝令夕改，没有一根钉子钉到底的精神，三天打鱼、两天晒网，再好的蓝图、再好的远景都不可能自行实现。此外，领导干部还应有"功成不必在我"的思想境界。"当前有成效、长远可持续的事要放胆去做，当前不见效、长远打基础的事也要努力去做。"④ 有的工作虽功不在当代，却利在千秋，没有这些工作的点滴积累，也就难有利国利民的千年大计。

（三）处理好重点和非重点的关系

重点和非重点的关系，本质上体现了哲学上"重点论"和

① 习近平：《之江新语》，浙江人民出版社 2007 年版，第 86 页。
② 习近平：《习近平谈治国理政》，外文出版社 2014 年版，第 399 页。
③ 习近平：《在中共十八届二中全会第二次全体会议上的讲话》，2013年 2 月 28 日。
④ 习近平：《之江新语》，浙江人民出版社 2007 年版，第 86 页。

"两点论"的辩证统一。这既是马克思主义辩证法的重要原理，也是做好统筹兼顾的关键要求。共产党人历来重视总体谋划，能够全面地判断形势、分析问题、制定战略，又能够做到集中优势力量，解决主要矛盾。

要处理好重点和非重点的关系，一是要全面分析矛盾、把握矛盾，防止看待问题片面化、碎片化，自觉地将事物蕴含的矛盾体系看作为一个整体系统乃至有机生态。无法全面分析矛盾，也就难以找准重点所在，"两点论"也就无从谈起。因此，习近平总书记指出："面对复杂形势和繁重任务，首先要有全局观，对各种矛盾做到心中有数"。① 比如在社会主义建设上，他强调"五位一体"全面推进；在全面深化改革中，要更加注重各项改革的相互促进、良性互动，整体推进；在处理政府和市场的关系时，"看不见的手"和"看得见的手"都要用好；等等。

二是要在全局在胸的前提下，抓住影响事物全局发展和长远发展的主要关键。任何事物是由不同矛盾构成的统一整体。不同矛盾、同一矛盾的不同方面，在事物发展的过程中所体现的地位和作用不尽相同。主要矛盾在一个事物中占据支配主导地位，并影响着其他矛盾的发展和解决。主要矛盾解决好了，其他矛盾也就迎刃而解；主要矛盾解决不好，其他矛盾也难以得到很好的处理。处于同一矛盾中的主要方面和非主要方面的关系同样如此。因此，习近平总书记多次强调："要优先解决主要矛盾和矛盾的主要方面，以此带动其他矛盾的解决……我们既要注重总体谋划，又要注重牵住

① 习近平：《在中共中央政治局第二十次集体学习时的讲话》，《人民日报》2015年1月25日。

'牛鼻子'。在任何工作中，我们既要讲两点论，又要讲重点论，没有主次，不加区别，眉毛胡子一把抓，是做不好工作的。"① 比如，协调推进"四个全面"战略布局的四个方面，就是当前我们推动工作的主要关键。这四个方面问题解决好了，我们的工作就能够迈上新台阶，中国特色社会主义建设也就获得了新发展。

三是不能"单打一"，需要兼顾次要矛盾和矛盾的次要方面。尽管主要矛盾居支配地位，它影响并规定着其他矛盾的发展和解决。但是，非主要矛盾解决得不好，也会制约主要矛盾的解决。对于同一矛盾中的次要方面和主要方面而言，同样如此。我们还应看到，当事物发展到一定阶段，主要矛盾、矛盾的主要方面和次要矛盾、矛盾的次要方面还会相互转换。形势发生了变化，一些原来的次要问题就可能发展为影响全局的核心关键。比如，改革开放前期，为了盘活经济，我们提倡一部分人先富起来。但如今要实现全面建成小康社会的目标，就必须更加强调共同富裕和公平正义，一个都不能少。比如，以往我们更重视以经济改革带动其他方面的改革，今天我们更强调系统地全面深化改革。因此，在突出重点的同时，对于自身发展的短板同样不能忽视。这也就是习近平总书记多次强调补齐"短板"的原因所在。

三、学会"弹钢琴"

做好统筹兼顾，善于弹好钢琴，应注重矛盾规律并结合辩证思

① 习近平：《在中共中央政治局第二十次集体学习时的讲话》，《人民日报》2015 年 1 月 25 日。

维的客观性、系统性、联系性等特点。

（一）学会"弹钢琴"，应注重并自觉应用矛盾规律

把握并遵循唯物辩证法的三大规律，是弹好钢琴的必要法门。

一是对立统一规律。对立统一规律揭示了矛盾运动发展的过程和特点。"统一关系存在于对立关系之中，而且在它内部就包含着对立关系；对立关系存在于统一关系之中，而且它本身就包含着统一关系。对立是统一中的对立，统一是对立中的统一。辩证思维方法之所以不同于形而上学思维方法，从根本上说，就在于它在对立的东西中发现统一关系，在统一的东西中发现对立关系，从而能够透过事物的表面，深入事物的底蕴，抓住事物的本质。"① 习近平总书记历来重视对立统一的矛盾规律，并善于将这些矛盾置于历史发展的洪流来看待，"生产力和生产关系的矛盾、经济基础和上层建筑的矛盾，存在于一切社会形态之中，规定着社会性质和基本结构，推动着人类社会从低级向高级发展。只有把这两对矛盾运动结合起来观察，把社会基本矛盾作为一个整体来观察，才能全面把握整个社会的基本面貌和发展方向。"②

二是量变质变规律。量变质变规律深刻阐述了两种矛盾运动的特质及其相互关系和演化过程。事物的发展不是量的机械积累，也不是质的飞跃的简单过程，而是体现为量变和质变之间的辩证互动。从量变到质变，再到新的量变、质变，如此转化交替，才呈现

---

① 《马克思主义哲学》编写组：《马克思主义哲学》，高等教育出版社2009年版，第126—127页。

② 中共中央宣传部：《习近平总书记系列重要讲话读本》，学习出版社、人民出版社2014年版，第175页。

出事物发展的真实过程，才能成就改革事业的宏伟旋律。习近平总书记十分重视量变质变规律，这在他所倡导的"功成不必在我"的境界、一张蓝图绘到底的定力、水滴石穿的精神中都有所体现："青年干部不能只热衷于做'质变'的突破工作，而要注重做'量变'的积累工作。我赞赏'滴水穿石'的精神，赞赏默默奉献的精神，提倡干部埋头苦干，着眼于长期的、为人铺垫的工作。因为事物的发展变化是一个渐进的过程，质变要有量变的积累。"① 而另一方面，他也强调要"善于抓住机遇、用好机遇，务实求变，务实求新，务实求进"②。这也就是要在事物发展的关键时刻，要善于促成质变。

三是否定之否定规律。事物的内部既有肯定因素，也有否定因素，此消彼长就将事物的发展刻画为一个自我否定且螺旋上升的过程。习近平总书记自觉将这一规律应用于深化改革的伟大事业之中，明确指出："35 年来，我们用改革的办法解决了党和国家事业发展中的一系列问题。同时，在认识世界和改造世界的过程中，旧的问题解决了，新的问题又会产生，制度总是需要不断完善，因而改革既不可能一蹴而就、也不可能一劳永逸。"问题的解决，本质上就体现了矛盾运动过程中的否定环节，共产党人能取得今天成绩的一大关键，就在于我们从不缺少自我否定的勇气和自我革新的魄力。

（二）学会"弹钢琴"，应注重矛盾的客观性并充分发挥主体的能动性

要弹好钢琴还需要把矛盾的客观性和人的主观能动性结合

---

① 习近平：《摆脱贫困》，福建人民出版社 1992 年版，第 34 页。
② 习近平：《干在实处　走在前列》，中共中央党校出版社 2006 年版，第 320 页。

起来。

辩证思维首先强调的是矛盾是客观存在于事物发展的进程之中的，并不以我们的意志为转移。否定这一点，也就是否定唯物主义。我们研判发展形势，制定改革方略，都必须以矛盾的客观性为前提。习近平总书记谈道："只有解放思想，不断研究新情况、解决新问题，把思想认识从各种不合时宜的观念、做法和体制的束缚中解放出来，才能使我们正确地把握不断发展变化着的客观实际，才能使我们的思想认识符合客观实际，这样才能真正做到实事求是。"[1] 在言及改革共识时，他还指出："在坚持改革这个重大问题上全党全社会是有广泛认知的。只要加强思想引导，把党内外一切可以团结的力量广泛团结起来，把国内外一切可以调动的积极因素充分调动起来，是完全可以形成共识的。"[2] 习近平总书记深刻地认识到，改革不是某个人的一厢情愿，而是由社会发展的客观实际状况所决定的。没有客观的改革要求，就不会有改革共识，没有凝聚改革共识，改革事业也无法推进。

在我们注重客观性的同时，还需要充分发挥主体的能动性来弹好钢琴。历史唯物主义者承认历史发展的客观性，却不代表着认为我们可以对历史袖手旁观，坐享发展的红利。认识并驾驭发展规律始终应是一个积极能动的并充分彰显主体力量的过程。习近平总书记十分重视发挥人的主观能动性，比如在谈到战略机遇期时，他

---

① 习近平：《深入学习中国特色社会主义理论体系，努力掌握马克思主义立场观点方法——在中央党校 2010 年春季开学典礼上的讲话》，《学习时报》2010 年 3 月 8 日。

② 中共中央文献研究室：《习近平关于全面深化改革论述摘编》，中央文献出版社 2014 年版，第 46 页。

说："能否把战略机遇期提供的可能性变为现实性，主要取决于人的主观能动性特别是宏观的战略决策。"① 他还曾特别强调："要处理好尊重客观规律和发挥主观能动性的关系。要坚持一切从实际出发，按照客观规律办事，一张蓝图抓到底，抓好打基础利长远的工作。同时，要鼓励地方、基层、群众大胆探索、先行先试，勇于推进理论和实践创新，不断深化对改革规律的认识。"②

（三）学会"弹钢琴"，应注重联系发展的观点

事物不是孤立静止的，而总是处在相互联系之中并且是永恒发展的。要弹好钢琴，做好统筹兼顾，就必须注重事物之间的联系及其相互作用所建构的动态发展过程，并把事物的联系和发展置于具体的历史语境之中。

十指弹琴，其难点便在于不同手指之间的协调搭配，不同乐章之间的相互支撑。处理得好，交相辉映；处理不好，相互掣肘。这就对我们把握好事物之间相互联系并相互作用的机理提出了高要求。习近平总书记便是用联系的观点看待改革涉及的方方面面，他指出："我们要坚持把改革的力度、发展的速度和社会可承受的程度统一起来，把改善人民生活作为正确处理改革发展稳定关系的结合点，在保持社会稳定中推进改革发展，通过改革发展促进社会稳定。要增强改革措施、发展措施、稳定措施的协调性，把握好当前利益和长远利益、局部利益和全局利益、个人利益和集体利益的关系，既要着力解决关系群众切身利益的问题，又要着力引导群众正

---

① 习近平：《之江新语》，浙江人民出版社 2007 年版，第 36 页
② 习近平：《在中共中央政治局第十一次集体学习时的讲话》，《人民日报》2013 年 12 月 5 日。

确处理各种利益关系、理性合法表达利益诉求，营造安定团结的社会氛围。"① 改革的力度、发展的速度、社会的可承受度及其相关的各种利益关系相互影响、相互作用，不把握好它们之间的关联机理，不协调好它们之间的相互关系，要做好统筹兼顾是不可能的，甚至有可能走向反面。

学会"弹钢琴"，还需要用发展的眼光看待问题。协调好当前和长远等重大关系其实便体现了这种观点方法。而在谈及"摸着石头过河"的方法论时，习近平总书记的深刻论述也同样体现着发展的观点。他把"摸着石头过河"看作是探索规律的重要方法，强调在探索中推动发展，在发展中摸索规律："摸着石头过河，是富有中国特色、符合中国国情的改革方法。摸着石头过河就是摸规律。实行改革开放，发展社会主义市场经济，我们的老祖宗没有讲过，其他社会主义国家也没有干过，只能通过实践、认识、再实践、再认识的反复过程，从实践中获得真知。"② 这里不仅体现出历史的发展性，也同样体现出规律的发展性。如果非要找一个静止的模板或现成的规律来给我们的事业做支撑，那我们的事业就只能与发展远离了。

（四）学会"弹钢琴"，应注重全面系统的观点

要弹好钢琴，还应注重全面系统的观点。此外，我们还应该认识到。全面系统的观点和联系发展的观点是紧密相连并内在统一

---

① 中共中央文献研究室：《习近平关于全面深化改革论述摘编》，中央文献出版社 2014 年版，第 36 页。

② 中共中央文献研究室：《习近平关于全面深化改革论述摘编》，中央文献出版社 2014 年版，第 36 页。

的。因为，既然事物及其内在要素是普遍联系的，并且是通过它们之间的联系来实现发展的，那么就会要求我们对相关的事物、要素及其关系进行全面而深入的研判，唯有这样才能做到把握形势，而不至于一着不慎满盘皆输。反过来说，全面系统地"弹钢琴"，也就自然能够做到更好地把握事物的联系，并推动事物的发展。习近平总书记向来以全面的观点看待全面深化改革，强调："改革推进到现在，必须在深入调查研究的基础上提出全面深化改革的顶层设计和总体规划，抽出改革的战略目标、战略重点、优先顺序、主攻方向、工作机制、推进方式，提出改革总体方案、路线图、时间表"[1]。他还在全面观点的基础上，把改革看作一个系统的工程，指出："改革开放是一个系统工程，必须坚持全面改革，在各项改革协同配合中推进。改革开放是一场深刻而全面的社会变革，既包括经济体制又包括政治体制、文化体制、社会体制、生态体制，既涉及生产力又涉及生产关系，既涉及经济基础又涉及上层建筑，每一项改革都会对其他改革产生重要影响，每一项改革又都需要其他改革协同配合。随着改革开放不断深入，改革开放的关联性和互动性明显增强，这就要求我们更加注重各项改革的相互促进、良性互动。"[2]

总之，学习和掌握马克思主义方法，必须学习和掌握唯物辩证的思想方法。客观地而不是主观地、发展地而不是静止地、全面地而不是片面地、系统地而不是零散地、普遍联系地而不是孤立地观

---

[1] 中共中央文献研究室：《习近平关于全面深化改革论述摘编》，中央文献出版社 2014 年版，第 32 页。

[2] 中共中央文献研究室：《习近平关于全面深化改革论述摘编》，中央文献出版社 2014 年版，第 35 页。

察事物、分析问题、解决问题，在矛盾双方对立统一的过程中把握事物发展规律，这是学习和掌握唯物辩证思想方法的基本要求。"也是做好统筹兼顾、弹好钢琴的关键所在和根本遵循。

第三讲

战略思维与着眼全局

古人云:"不谋万世者,不足谋一时,不谋全局者,不足谋一域。"战略思维是以习近平同志为核心的党中央反复强调的重要思维方法。2013年1月,习近平总书记在主持中共中央政治局第三次集体学习时首次公开提到战略思维一词。2013年12月,习近平总书记在主持中共中央政治局第十一次集体学习时又提到战略思维。在以后的讲话中,习近平总书记多次提到战略思维,强调战略思维永远是中国共产党人应该树立的思维方式。党的十八大以来,以习近平同志为核心的党中央高瞻远瞩,在治国理政的实践中处处闪耀着战略思维的智慧,开创了内政外交的崭新局面。

一、战略问题是一个政党、一个国家的根本性问题

战略的问题有多重要?习近平总书记在纪念邓小平同志诞辰110周年座谈会上的讲话中明确指出:"战略问题是一个政党、一个国家的根本性问题。战略上判断得准确,战略上谋划得科学,战

略上赢得主动，党和人民事业就大有希望。"① 这是习近平总书记对战略问题性质与作用的准确定位。

那么，为什么战略问题是一个党、一个国家的根本性问题呢？这是由战略问题在整个领导活动中的地位所决定的。

（一）战略问题是领导活动中客观存在的问题

现实生活中的战略问题，可谓无处不在、无时不有，关键是要有一双洞察战略问题的眼睛，一旦拓宽视野看世界、看中国，看历史、看未来，我们就可以找到工作中存在的战略问题。

首先，国际国内的相互联系中存在战略问题。现在，国际国内的联系互动日益加深，国内问题中的国际因素和国际问题中的中国因素都在增加。中央反复强调要统筹国内国际两个大局，把国际问题和国内问题联系起来全面考察、整体考虑。只有这样，才能形成既符合世界发展潮流又符合我国发展阶段性特征的发展战略，也才能找到解决面临问题、推进事业发展的科学方法。要立足基本国情、树立世界眼光，密切关注世界政治、经济、科技、文化各领域的新情况，准确把握国际形势发展变化的新趋向，从而发现需要抓紧破解的新矛盾新问题。要注意从世界格局变化中看到维护我国主权和安全面临的风险与挑战；从世界经济缓慢复苏的态势中，既看到我国经济发展的新机遇，又看到不确定不稳定因素；从当今世界特别是发达国家科技日新月异的发展中，看到我国科技创新的差距和潜力；从世界各国文化的交流互鉴中，看到壮大我国文化软实力

---

① 习近平：《在纪念邓小平同志诞辰 110 周年座谈会上的讲话》，《人民日报》2014 年 8 月 21 日。

的有利条件和不利因素。总之，在国际形势风云变幻中，只有及时发现战略问题，做到沉着应对、趋利避害，才能立于不败之地。

其次，改革发展的实践中存在战略问题。改革开放的伟大实践，就是党带领人民群众在发现问题、解决问题中不断推进、不断深化的。有人说，中国改革的一条重要经验，就是把所有问题都当作更上一层楼的机遇。改革就是问题倒逼出来的，当年一些地方率先搞农村家庭联产承包责任制，就是要解决吃不饱肚子的问题。经过 30 多年不懈奋斗，我国改革发展进入在更高水平上攻坚克难的新阶段。落实全面深化改革的任务，不可能是一片坦途，必然会遇到各种深层次矛盾和问题。要结合各地区各部门实际，创造性地贯彻落实中央决策部署，在大胆探索和勇于实践中及时发现倾向性问题。如何完整地理解和把握全面深化改革总目标的问题，做到既讲推进国家治理体系和治理能力现代化，又讲完善和发展中国特色社会主义制度；如何处理政府和市场关系这个经济体制改革当中的核心问题，做到既让市场在资源配置中起决定性作用，又更好地发挥政府作用；如何处理调结构与稳增长的关系，做到既抑制过剩产能、淘汰落后产能，又能够顶住经济下行压力、实现预定目标的经济增长，都需要引起我们的高度重视。一句话，在各种困难和复杂因素面前，只有在认识上保持清醒、在行动上积极应对，才能实现改革的顺利推进，确保发展的持续平稳。

再次，历史的经验教训中存在战略问题。我们党是善于总结经验教训、吸取历史智慧的马克思主义政党，先后作出过《关于若干历史问题的决议》和《关于建国以来党的若干历史问题的决议》。这两个决议深刻总结了两个不同历史时期党所取得的宝贵经验和经历的失误与挫折，在当时的历史条件下，对统一思想、团结一致向前看起到了重要作用。以史为镜，可知兴替。认真吸取历史的经验教训，并在对照现实问题中得到新的认识，就能够在未来征程中少走弯路、减少失误。特别是在国内外各种条件都发生深刻变化的新形势下，一定要对照历史这面镜子，深入思考并及时发现党面临的执政考验、改革开放考验、市场经济考验、外部环境考验又增加了哪些新因素；深入思考并及时发现精神懈怠、能力不足、脱离群众、消极腐败危险又有了哪些新苗头；深入思考并及时发现实际工作方面存在哪些问题和不足，努力做到不蹈过、不贰过。

（二）战略问题是领导活动中具有决定意义的问题

任何一级的领导干部都要独当一面，独立负责一定范围的工作。相对于更大范围的工作来说，处在一定领导岗位的领导干部的工作是战略局部，相对于更小范围的工作来说，这种工作又具有战略全局的性质。因此，思考战略问题，对于领导干部具有双重意义：一方面使自己的工作自觉地服从工作战略全局，为战略全局形势的改观作出自己应有的贡献；另一方面又要善于驾驭自己工作的战略全局，调动和协调方方面面的力量，谋求地方和部门的大发展。不论从何种意义上来讲，思考战略问题对于领导工作都是具有决定意义的。领导干部的职位越高，领导的范围越大，承担的责任越大，在战略全局中的地位就越重要。这就需要更加自觉地思考战略问题，时时处处从战略全局的高度谋划自己的工作。领导干部如果不能思考战略问题，不善于进行战略思维，就有可能导致工作上的满盘皆输，给党和人民的事业造成无可挽回的损失。正如习近平总书记所说："我国是一个大国，决不能在根本性问题上出现颠覆性错误，一旦出现就无法挽回、无法弥补。""全面深化改革涉及面广，重大改革举措可能牵一发而动全身，必须慎之又慎"。① 为此，必须加强改革的顶层设计，并将"摸着石头过河"与顶层设计结合起来，不断深化对改革规律的认识，把握大局，稳中求进。②

对于领导干部来说，是否善于思考战略问题，能否把握战略全局往往具有决定性的意义。中国共产党领导的民主革命之所以能够以弱胜强，与以毛泽东为代表的中国共产党人重视战略问题、善于从战略全局的高度解决战略问题是分不开的。新中国成立后，党的历届中央领导集体非常重视战略问题，他们留下的许多著作都体现了统揽社会主义建设全局的高超的战略思维能力。如毛泽东的《论十大关系》、邓小平的《解放思想，实事求是，团结一致向前看》、江泽民的《正确处理社会主义现代化建设中的若干重大关系》、胡锦涛关于科学发展观的重要论述以及习近平总书记的系列重要讲话等，这些著作都是对当时中国面临的重大战略问题进行的深入思考，都是从战略全局高度正确解决在中国特殊的历史条件下建设和发展社会主义的一系列重大基本问题提供的战略方案。正因为历届党的中央领导集体都非常重视战略问题，他们才会采取一个又一个重要的战略行动，并带领全国人民不断克服困难，取得一个又一个的胜利。

（三）战略问题是领导活动中需要普遍面对的问题

无论是哪一个层次的领导，都有自己面对的战略，都需要思考

---

① 中共中央文献研究室：《习近平关于全面深化改革论述摘编》，中央文献出版社 2014 年版，第 42 页。

② 转引自《改革！改革！还是改革！——〈习近平复兴中国〉》，《学习时报》2016 年 10 月 6 日。

战略问题，只有思考战略问题，才可能总揽和驾驭全局，才可能当好领导，才可能成为一个优秀的领导。不能思考战略问题，不能总揽和驾驭全局的领导，是不可能担负起领导职责、实现自己的领导任务的。少数基层领导干部没有意识到这一点，以为战略就只是上级领导干部的事，自己就只是一个部属，自己的任务就只是跟着上级跑，完成上级交给的任务就可以了。应该说，这等于没有了解领导活动的本质。战略是一个相对的概念，上面有上面的战略，下面有下面的战略，下面的战略固然要服从上面的大战略，是上面战略的一个组成部分，但下面的战略又是由若干小战略组成的，因此下面的战略同样要担负起战略的责任，否则，既会危及小战略，又会拖累大战略，而这本身就是一种失职。战略问题本质上就是一种全局性问题，或者说全局问题是战略问题的题中应有之义。领导干部思考战略问题主要是思考领导活动中的全局性问题，不会思考全局的领导，或者说不会思考战略问题的领导要想当好领导那是难以想象的。

由于战略问题是领导活动中一个客观的、具有决定意义的、需要普遍面对的问题，所以有必要引起高度重视，进而把握战略问题的本质和规律。把握战略问题的一般规律对于从事实际工作的领导干部来说是非常重要的。作为从事实际工作的领导干部，为了把自己经验性的感性认识提升到理论思维的高度，透过现象抓住事物的本质，发现和把握事物发展的规律性，就必须提高自己对战略问题的把握能力，就要学会进行战略思维。只有把握了战略问题的本质和规律，才能进一步认识事物发展的内在规律，才能对事物有一个全面、客观、动态的认识，而想问题、作决策的战略思维能力一旦提高了，就能从战略高度谋划工作，领导工作就会主动。

二、始终把全局作为观察和处理
问题的出发点与落脚点

在纵论国际国内大势、谋划改革发展蓝图时，习近平总书记反复强调要有战略思维，要胸怀大局、把握大势、着眼大事，有"登泰山而小天下"的气度，也有"功成不必在我"的胸襟，对大局了然于胸、对大势洞幽烛微、对大事铁画银钩，才能因势而谋、应势而动、顺势而为。回首 30 多年来的改革历程，战略思维始终发挥着至关重要的作用。每一次决定改革命运的关键转折，无不源于科学准确的战略判断；每一项审时度势的战略抉择，无不为曲折的改革进程迎来柳暗花明。正如西方学者所总结的：战略，一直是中国现代发展奇迹中的精髓。今天，我们站在前人的肩膀上启动中华民族伟大复兴的新征程，具有怎样的战略思维，决定着我们能走多远、登多高、抵达何处。

（一）战略思维本质上即全局思维

全局和局部的关系，是每一个各级领导机关和领导干部经常碰到和必须处理的问题。世界上的任何事物都存在着全局和局部两个方面。全局是指事物的整体及其发展的全过程，局部是指组成事物整体的个别部分、方面及其发展中的个别阶段。全局和局部的区别是相对的。在一定场合为全局的东西，在另一场合则变为局部的东西，反之亦然。全局和局部的关系是对立的统一。全局是由局部组成的，全局的利益和局部的利益在根本上是一致的；但全局不是各个局部的简单总和，它高于局部、统率局部，对局部的发展变化起着主要的决定作用。局部是全局的一部分，局部的东西总是隶属于全局的东西，局部不能孤立地存在和发展，只有全局搞好了，局部的问题才好办。"大河有水小河满，大河无水小河干"，讲的就是这种情形。但是，局部对全局也有一定的作用和影响。局部工作搞好了，全局才能搞好。有时某些局部对全局更具有决定意义。

从本质上说，战略思维就是全局思维，其核心是正确处理全局和局部的辩证关系，始终把全局作为观察和处理问题的出发点与落脚点。毛泽东说过，只要有战争，就有战争的全局；战争全局和局部的辩证关系是战争指挥员必须要研究和处理好的问题，否则，就要打败仗。因此，能否处理好全局与局部的关系是战争指挥员是否具有战略思维的标志。从事社会主义现代化建设也要处理好全局与局部的辩证关系。邓小平指出，考虑任何问题都要着眼于长远，着眼于大局。习近平总书记在党的十八届三中全会上强调：广大领导干部要"善于观大势、谋大事，站在国内国际两个大局、党和国家工作大局、全面深化改革全局来思考和研究问题。"① "全面深化改革是关系党和国家事业发展全局的重大战略部署，不是某个领域某个方面的单项改革。'不谋全局者，不足谋一域。'大家来自不同部门和单位，都要从全局看问题，首先要看提出的重大改革举措是否符合全局需要，是否有利于党和国家事业长远发展。"② 为了实现"两个一百年"的战略目标，中央作出了"四个全面"和"一带一路"等重大战略部署。实践证明，领导干部必须具备战略

① 中共中央文献研究室：《习近平关于全面深化改革论述摘编》，中央文献出版社 2014 年版，第 148 页。

② 中共中央文献研究室：《习近平关于全面深化改革论述摘编》，中央文献出版社 2014 年版，第 140 页。

思维素质，才能有所作为。

（二）战略思维的基本要素

1. "全局在胸"

毛泽东指出，战争指挥员要处理好战争全局与局部的关系，首先要有一个战略头脑，要树立全局观念，做到"全局在胸"，这是战略思维的根本要求。新中国成立以来，历届党的领导集体都十分重视研究和协调中央与地方的关系。改革开放以来，邓小平提出"两个大局"的思想：在改革开放中，东部沿海地区要先发展起来，内地要服从这个大局；东部地区发展到一定程度，要拿出更多的力量来支援内地的发展，这也是一个大局，到那时候，东部地区也要服从这个大局。实践证明，改革开放只有在党的领导下才能顺利进行，服从党的领导就是服从大局的需要。

首先，"全局在胸"要把握全局的特点和发展。毛泽东要求战争指挥员研究战争应该着眼其特点和发展，反对战争问题上的机械论。从事社会主义现代化建设也要从实际出发。第一个五年计划期间，毛泽东对适合中国国情的社会主义现代化建设道路作了初步的探索。1982 年 9 月，邓小平在党的十二大开幕词中对这种探索作了经典性的论述："把马克思主义的普遍真理同我国的具体实际结合起来，走自己的道路，建设有中国特色的社会主义，这就是我们总结长期历史经验得出的基本结论。"[①] 近年来，习近平总书记在把握党和国家工作全局上，善于抓住问题要害，善于站在高处运筹帷幄，善于透过现象揭示本质，寻求系统解决中国问题之道，突出

---

① 《邓小平文选》第三卷，人民出版社 1993 年版，第 2 页。

表现在具有高远的全局观、强烈的问题观和科学的方法论。他始终把解决影响党和国家全局的现实问题、焦点问题、深层问题，作为治国理政的切入点和发力点。2014 年 12 月，习近平总书记在江苏调研考察时，首次完整提出了全面建成小康社会、全面深化改革、全面依法治国、全面从严治党的问题。"四个全面"战略布局是新的历史条件下治国理政的总方略，是当前和今后一个时期我们党治国理政的重大战略思想和战略布局，彰显出"审大小而图之，酌缓急而布之；连上下而通之，衡内外而施之"的政治智慧。习近平总书记多次强调，在改革和发展的各项工作中都要有战略思维，要善于观大势、谋大事，站在国内国际两个大局、党和国家工作大局、全面深化改革全局来思考和研究问题；要胸怀大局、把握大势、着眼大事，找准工作切入点和着力点，做到因势而谋、应势而动、顺势而为。可以这样说，"四个全面"战略布局是习近平总书记站得高、想得深、看得准的产物，也是遵循规律、紧贴实情、统筹谋划、协同推进的产物，紧紧抓住了党和国家发展的要害，牵住了改革发展的"牛鼻子"。

其次，"全局在胸"要预测事物发展的趋势。战争指挥员只有运用唯物辩证法分析战争的内在矛盾，正确预测战争的发展趋势，才能真正做到"全局在胸"。战略预测对社会主义现代化建设也十分重要。1997 年的亚洲金融危机对不少国家的经济形成了程度不同的冲击和影响，为了减少损失，很多国家采取货币贬值的政策。我国政府如何应对？这就有一个战略预测的问题。我国政府坚持人民币不贬值的政策，实行这一政策对我国的外贸出口是很不利的，但是，也有有利的一面，一是有利于国内的政治稳定；二是有利于在全世界面前树立人民币的良好信誉。总的来说，有利的方面是主要的。战略思维是预测思维，事实表明，我国政府的这一预测是科学的。

再次，"全局在胸"要善于发挥主观能动性。毛泽东根据对中国革命战争规律的把握和对趋势的预测，为红军制定了"积极防御"的战略战术方针。我们党在社会主义现代化建设中也十分重视发挥主观能动性和创新精神。党的十八届五中全会强调，推动经济发展和结构调整必须依靠创新、协调、绿色、开放、共享"五大发展"，其中创新列为"五大发展"之首，创新发展不仅是保持国民经济高速、健康、持续发展的条件，而且是发挥主观能动性、不断提高我们党执政水平和领导水平的关键。

2. "抓住重点"

毛泽东指出，战争指挥员要善于抓住对全局有决定意义的局部，抓住战略重点，也就抓住了全局。社会主义现代化建设是一个非常复杂的事物，需要我们从不同阶段、不同层面上去分析和把握战略重点。特别是"一把手"作为党政领导集体的班长，一定要站在战略的高度，以"登泰山而小天下"的气度和胸襟，把握全局中的关键局部或战略重点。党的十八大之后，习近平担任党的总书记、国家主席、军委主席，身负领导党和国家的重大责任，站得高，看得远，强调改革开放在当代中国的关键作用。党的十一届三中全会以来，我们党靠什么来振奋民心、统一思想、凝聚力量？靠什么来激发全体人民的创造精神和创造活力？靠什么来实现我国经济社会快速发展、在与资本主义竞争中赢得比较优势？靠的就是改革开放。习近平总书记反复强调，改革开放是决定当代中国命运的关键一招，也是决定实现"两个一百年"奋斗目标、实现中华民族伟大复兴的关键一招。回顾过去，我们用改革的办法解决了党和国家事业发展中的一系列问题；面对未来，我们要破解发展面临的各种难题，化解来自各方面的风险和挑战，除了深化改革开放，别无他途，用邓小平的话说："不改革开放，只能是死路一条。"正因为如此，我们一定要高举改革旗帜。举什么旗、走什么路历来是党和国家层面最具有战略性的问题。习近平总书记指出，改革开放是我们党在新的时代条件下带领人民进行的新的伟大革命，是当代中国最鲜明的特色，也是我们党最鲜明的旗帜。改革开放是我们党历史上的一次伟大觉醒，正是这个伟大觉醒孕育了新时期从理论到实践的伟大创造。当前改革开放到了一个新的重要关头，我们在改革开放上绝不能有丝毫动摇，改革开放的旗帜必须继续高高举起。

"抓住重点"必须抓住机遇。俗话说，机不可失，时不再来。我们完全可以说，能否抓住机遇，历来是关系革命和建设兴衰成败的大问题。毛泽东在实施"积极防御"战略方针的时候，就十分重视选择战略退却的时机问题。邓小平也十分重视机遇的问题，他说"不争论是我的一大发明"，就是怕因争论丧失机遇。过去我们抓住了重要历史机遇，也丧失过某些机遇。现在中国共产党人一定要高度自觉，在政治多极化、经济全球化、科技迅猛发展的浪潮中，抓住政治、经济、科技、军事等方面的机遇，把我们的事业全面推向前进。

3. "统筹兼顾"

所谓统筹兼顾，就是要总揽全局、科学筹划、协调发展、兼顾各方。首先，统筹兼顾是实现科学发展的根本方法。坚持统筹兼顾，就要正确认识和妥善处理中国特色社会主义事业中的重大关系，统筹城乡发展、区域发展、经济社会发展、人与自然和谐发展、国内发展和对外开放，统筹中央和地方关系，统筹个人利益和集体利益、局部利益和整体利益、当前利益和长远利益，充分调动各方面的积极性。统筹国内国际两个大局，树立世界眼光，加强战略思维，善于从国际形势发展变化中把握发展机遇、应对风险挑战，营造良好国际环境。既要总揽全局、统筹规划，又要抓住牵动全局的主要工作、事关群众利益的突出问题，着力推进、重点突破。其次，统筹兼顾是实现社会主义现代化过程中必须长期坚持的战略方针，也是党领导社会主义建设的一条重要历史经验。毛泽东早在抗日战争时期就指出，战争指挥员要抓住战略重点，同时也要关注和兼顾非战略重点。因为非战略重点虽然对全局不起决定作用，但也起重要作用。更何况，战略重点与非战略重点的界线本来就不是固定不变的，而是随着时间、地点、条件的变化而变化的。1956年毛泽东在《论十大关系》一文中提出：社会主义建设的基本方针就是"统筹兼顾，各得其所"。1957年在《关于正确处理人民内部矛盾的问题》一文中又进一步指出：我们的方针是统筹兼顾，适当安排。邓小平和江泽民也都十分重视这一经济社会发展的根本方法。再次，利益协调是做到统筹兼顾的关键。统筹是建立在充分发挥各方面积极性和创造性的基础上的统筹；兼顾是一种整合和优化。科学发展观提出的"五个统筹"，实际上是农村发展与城市发展、区域发展与全国发展、经济发展与社会发展、国内发展与对外开放以及人与自然关系不断整合、不断优化和不断协调的过程。"五个统筹"的战略方针是妥善处理当前各方面突出矛盾、协调好各种利益关系所必需的。在全面建设小康社会和实现现代化的过程中，如何统筹兼顾、协调好各方面利益关系，是关系到加强我们党的执政能力建设、提高领导水平的重大政策问题。

（三）增强战略思维能力的途径

目前，领导干部特别是中青年领导干部要增强历史责任感，努力增强全局观，在以创新的精神探索新世纪党的建设和干部队伍建设等重大现实问题的过程中，提高战略思维能力，为实现"两个一百年"的战略目标贡献自己的力量。

1. 加强理论武装，培养理论思维

恩格斯说过，一个民族要想登上科学的高峰，就一刻也不能离开理论思维。从一定意义上说，理论思维的深度决定战略思维的高度。很难想象，一个没有理论思维的领导干部能总揽和驾驭全局。而提高理论思维能力的根本途径就是学习，要通过学习强化知识武装，掌握科学的世界观和方法论：一是要在掌握科学理论中锻炼理论思维。理论思维决定着战略思维的质量，必须不断提高科学理论修养。通过深刻学习并掌握观察、分析、解决问题的立场、观点、方法，科学判断和准确把握形势与任务。二是要在掌握哲学观点中锻炼辩证思维。哲学所提供的方法论是每个决策者必须掌握的。对工作中出现的问题和矛盾，要坚持两分法，既看积极因素又看负面影响，防止和克服认识上、工作中的形而上学及片面性；坚持用联系的观点看问题，把局部的问题放到社会大背景中、放到建设全局上分析思考，看工作个体，更看与其他工作的联系、产生的影响；坚持用发展的观点看问题，注意从社会发展变化的新视角观察、分析问题，看当前，更看未来发展变化。三是要在掌握科技知识中锻炼创新思维。当前，新学科、新知识层出不穷，对许多新事物的了解和掌握没有知识的基础是不行的。如果领导干部不注意加强对新知识的学习，孤陋寡闻，学识浅薄，战略思维就沦为空谈，且不谈充当领导社会主义现代化建设的战略家，就连自己的本职工作都将难以胜任。因此，现代领导干部必须以高度的历史责任感和时代紧迫感，抓紧学习新知识。要把当代各个领域的新知识作为学习的重点内容，学经济、学科技、学管理、学法律，学习一切需要学的东西，努力使自己成为某一方面的行家、专家。如果说在某个领域通才比专才更为可取，那么这个领域就是战略。科学家是沿着相当狭窄的途径探索知识领域的，而战略家则不然，他们需要有尽可能广泛的基础知识。由于主客观条件的限制，我们不可能要求每一个领导干部都具有文史经哲数理化生无不精通的才能，但广博的知识和开阔的视野是各级领导干部必须具备的。

2. 开阔想问题、做决策的眼界和空间

在当今知识、信息大爆炸的时代，信息已成为最重要的战略资源，它可以被提炼成知识和智慧，因而在战略问题的研究中越来越具有突出作用。各级领导干部要对事关全局的重大问题进行战略思维，必须以了解和掌握大量的信息为前提，这样方可开阔眼界，启发思路，作出具有远见卓识的行动决策。要强化信息追踪，当今时代，信息爆炸、空间变小、节奏加快、变数增多，谋划建设、筹划工作，需要最大限度地捕捉信息资源，解决视野狭窄的问题。要有宽广的世界眼光，立足于国际、国内的大环境思考问题，时刻关注世界政治、经济、军事、科技、文化等各种变化，关注世界热点问题发展走向、新军事变革发展趋势、我国周边安全环境态势等，有针对性地做好本地区、本单位工作。要有敏锐的政治眼光，战略思维主要管的是全局性、长远性问题，事关建设方向，不能不讲政治。面对错综复杂的国内外形势，一些事物具有很大的隐蔽性、迷惑性和欺骗性，必须不断增强政治敏锐性、政治洞察力和鉴别力。对社会异常动态以及出现的新矛盾、新问题，要注意从政治上定位、定性，正确分析判断是非，把不良风气、不良现象、不良倾向解决在萌芽状态。

3. 培养凡事谋全局的思维习惯

各级领导干部必须加强谋全局的思维锻炼，全局包括两个层面上的全局，一个是上层的全局；另一个是本单位的全局。上层的全局，包括世界形势、国家经济建设大政方针、上级的工作部署安排，等等。本单位的全局，指调查研究本单位各项建设现状及发展变化趋势，包括建设水平、干部骨干质量、员工思想状况，等等。树立全局观必须一事当前想着全局，思考问题、筹划工作，应依据全局的方针、政策、原则指导局部，切实吃透上头的，摸清下头的，形成自己的，创造性地抓好落实。坚持局部服从全局，在培养凡事谋全局思维习惯的同时，要注重谋略锻炼。谋略即智慧，具体表现为预见、分析、判断、解决问题的能力和水平。谋略能力和水平的高低，决定战略思维的广度和深度。提高中青年领导干部的战略思维能力，很重要的是要提高其谋略能力。有目的、有意识地提高谋略能力，一是要注意学习我国历史上关于谋略的思想，这其中也包括马克思主义战略思想和一般的战略学知识，以激活思想、启迪智慧。二是要独立思考，开动脑筋，培养自己探讨问题的兴趣，并经常同别人讨论、切磋。讨论要做到敞开思想，有思想交流、有观点碰撞、有学术争鸣。这样长期坚持下去，就能使自己在重大问题上，站得更高一些、看得更远一些。三是要开展战略案例分析。对精选出的重大典型案例，中青年领导干部要进行讨论、思考和谋划，做到一案一议，议要议到点子上，论要论到要害处。实践证明，案例分析搞得好，能有效地促进创造性思维及分析、解决问题能力的提高。

4. 注重开展战略思维实践

实践对于领导干部树立战略思维意义重大。首先，实践的需要是提高领导干部战略思维能力的动力。领导干部对全局思维能力的需要，只有身处在复杂的领导工作实践中才有切身的体会。特别是对于担负领导责任的干部来说，最迫切的实践需要是对具有全局性的改革开放和现代化建设实施战略指导与领导，提高领导能力的重点就不能不放在战略思维能力上，而有了这种能力，领导干部就能在复杂的领导工作中"任凭风浪起，稳坐钓鱼台"。否则，就会对各种矛盾剪不断，理还乱，"按下葫芦起来瓢"，处于被动的状态。其次，实践过程是提高领导干部战略思维能力的根本途径。战略思维能力作为领导干部必备的素质，只有在领导工作实践中才能形成并提高。古人说："纸上得来终觉浅，绝知此事要躬行。"离开了军事实践来学习兵法，不仅不能提高军事战略思维能力，反而会弄巧成拙，一败涂地。同样，离开了具体的领导工作实践而侈谈战略思维能力，不仅对领导工作毫无裨益，甚至会清谈误国，一事无成。最后，实践结果是提高领导干部战略思维能力的最终目的。领导干部提高战略思维能力，不是为了独善其身，孤芳自赏，而是为了解决领导工作中的实际问题，更好地为人民服务。领导工作是具体的，而不是抽象的。特定的领导干部的战略思维能力也是相对具体的，而不是抽象的。战略思维能力是否有所提高和提高之大小，必须以具体领导工作的实践成效之好坏作为检验标准。而为了取得好的实践效果，又必须善于以求实的精神开拓进取。

总之，现代领导干部要学会用世界眼光看问题，自觉地把中国的发展同世界的发展、把国际形势的发展变化同中国的改革开放和社会主义现代化建设实践紧密联系起来，从而不断提高自身的战略思维能力。

三、要有"乱云飞渡仍从容"的战略定力

"定力"本来是佛教用语，佛教讲戒、定、慧。定力，是修养要达到的一种境界，就是要做到坐怀不乱、处变不惊、临危不惧。习近平总书记把这个词拿过来加以改造，赋予它特别的含义，成为一种意志、品质、境界的象征。领导干部提高战略思维能力，首先是要增强战略定力。

1. 战略定力关乎事业兴衰

战略，就是统筹全局的方略；战略定力，就是实施战略的意志和决心。有无战略定力，关乎事业兴衰，关乎国家和民族的前途命运。一个政党、一个国家和民族要始终立于不败之地、不断开辟前行道路，就必须有明确的战略目标和"乱云飞渡仍从容"的战略定力。

党的十八大以来，面对错综复杂的国际国内形势，习近平总书记多次告诫全党，要加强战略思维，增强战略定力。所谓战略定力，是指在错综复杂的形势下为实现战略意图和战略目标所具有的战略自信、意志和毅力。就一个国家、一个民族而言，战略定力对实现国家强盛和民族兴旺具有重要战略意义。在当代中国，这个战略目标就是实现中华民族伟大复兴的中国梦，这个战略定力就是走中国特色社会主义道路。这个战略目标和战略定力，是近代以来中国人民在历经艰难、不断探索中逐渐形成的。实现战略目标，必须增强战略定力。

2. 具有战略定力的前提条件

首先，要有高度的战略自信。有自信才有底气，有底气才有力量。战略自信是战略定力的重要源泉，高度的战略自信可以激发强大的精神力量。这是历史经验反复证明了的。今天，我们的战略自信就是中国特色社会主义的道路自信、理论自信、制度自信、文化自信。始终保持这种自信，我们就能不为任何风险所惧、不为任何干扰所惑，为实现中国梦而不懈奋斗。

其次，要有正确的战略判断。世上的事物总是处于永不停顿的变化中，只有正确判断形势，才能正确选择行动。和平与发展仍然是当今时代的主题，要和平、求发展、促合作、谋共赢成为不可阻挡的时代潮流。正是基于这种战略判断，我们坚定不移走和平发展道路，既通过争取国际和平环境发展自己，又以自身发展维护和促进世界和平，推动建设持久和平、共同繁荣的和谐世界。始终坚持和平发展，实现中国梦将不仅造福中国人民，而且给世界各国带来机遇。

再次，要有科学的战略举措。实现中国梦任重而道远，需要我们顽强奋斗、艰苦奋斗、不懈奋斗。战略定力强大，可以正确地制定和实施战略举措；战略举措科学有效，可以保障和增强战略定力。在国内建设中，我们应按照中国特色社会主义的总依据、总布局、总任务，着力推动科学发展、促进社会和谐，为实现中国梦打下坚实基础；在国际交往中，我们应弘扬平等互信、包容互鉴、合作共赢的精神，大力推动建设持久和平、共同繁荣的和谐世界，为实现中国梦营造良好的外部环境。

3. 增强战略定力的现实途径

首先，从心态上涵养战略定力。古人云："为将之道，当先治心。泰山崩于前而色不变，麋鹿兴于左而目不瞬，然后可以制利害，可以待敌。"各级领导干部是重要决策者，面对改革、发展、稳定等诸方面的复杂情况，需要果断决策、坚定执行，尤忌心理上患得患失、行动上犹豫不决、战略上摇摆不定。事实一再证明，大到一个国家、小到一个单位，如果领导干部缺乏战略定力，面对复杂局面时就容易因误判形势而进退失据，甚至酿成大错。一个成熟的领导干部，离不开成熟的心态，必须善于从心态上涵养战略定力，自觉用马克思主义理论武装头脑，用信仰的力量充盈心灵。领导干部只有具备"乱云飞渡仍从容"的战略定力，不为各种错误观点所左右，不为各种干扰所迷惑，始终冷静思考、谨慎从事、谋定后动，方能做到"纷繁世事多元应，击鼓催征稳驭舟"。

其次，从意志上培养战略定力。对于道路方向高度自觉、充满自信、坚定不移，"任尔东西南北风"；对于业已制定的大政方针延续稳定，不患得患失，不瞻前顾后，"咬定青山不放松"；面对错综复杂、风云变幻的环境，平心静气，该变则迅速变，不该变则坚决不变，"乱云飞渡仍从容"。习近平总书记指出，找到一条好的道路不容易，走好这条道路更不容易。过去，我们照搬过本本，也模仿过别人，有过迷茫，也有过挫折，一次次碰壁、一次次觉醒，一次次实践、一次次突破，最终走出了一条中国特色社会主义成功之路。现在，有些人议论这个道路、那个道路，有的想拉回到老路上，有的想引到邪路上；有的是思想认识误区，有的是别有用心。中国特色社会主义这条道路，我们看准了、认定了，必须坚定不移走下去。在这一过程中虚心学习借鉴人类社会创造的一切文明成果是必然的，但不能数典忘祖，不能照抄照搬别国发展模式。要始终保持清醒坚定，保持强大前进定力，既不走封闭僵化的老路，也不走改旗易帜的邪路，不为任何风险所惧，不为任何干扰所惑。

再次，从思路上坚定战略定力。习近平总书记科学把握事物发展的总体趋势和方向，引导全党要视野开阔、胸襟博大，以小见大、见微知著，站在时代前沿和战略全局高度观察、思考、处理问题，从政治上认识和判断形势，透过纷繁复杂的表面现象把握事物的本质和发展的内在规律。提高了战略思维，就可以既抓住重点又统筹兼顾，既立足当前又放眼长远，既熟悉国情又把握世情，在解决突出问题中实现战略突破，在把握战略全局中推进各项工作。例如，针对党的十八大以来中国经济发展呈现出的新常态，习近平总书记指出："要把适应新常态、把握新常态、引领新常态作为贯穿发展全局和全过程的大逻辑"。如何把握这个大逻辑，因势利导，化害为利？关键是要认识到经济发展进入新常态是我国经济发展阶段性特征的必然反映，是不以人的意志为转移的必然趋势。我们不能视而不见，好像根本就没有新常态似的。同时我们不能因循守旧，指望"一招鲜吃遍天"。在新常态背景下，过去那种粗放型发展方式，那种大兵团作战方式不仅不能再用，还会引火烧身，使发展中的矛盾和问题进一步积累、激化，不仅国内条件不支持，国际条件也不支持。但是，面对新常态我们也不必惊慌害怕。引领新常态不是无所作为，反而是大有可为。旧的大门关上了，新的大门正在打开，而且更敞亮；旧的舞台谢幕了，新的舞台应运而生，而且更宽广；旧的机遇逝去了，新的机遇迎面而来，而且更丰厚。只要我们转变发展理念，用创新、协调、绿色、开放、共享的发展新理念统领经济社会发展全局，经济新常态就会变为中国经济大发展、好发展、新发展的肥沃土壤。

总之，习近平总书记的战略定力集中体现了当代中国共产党人的全局视野和战略眼光，蕴含着对世界发展大势的科学判断，对中国发展方略的深邃思考，对人民根本利益的深切关怀，标志着我们党对共产党执政规律、对社会主义建设规律、对人类社会发展规律的科学把握进入一个新境界。

第四讲

历史思维与历史眼光

历史思维是习近平总书记治国理政的重要思想方法之一，他在系列重要讲话中，注重引用和总结大量中外历史的事实、典故、人物、警句及结论等，以关切现实和警醒未来。"习近平的历史思维是马克思主义的历史思维，是揭示和反映历史规律的科学思维，是党中央以史为鉴治国理政的科学方法论。"[①] 学习和掌握历史思维和历史眼光，可以使我们更好地汲取历史传统中的文化基因，从历史的经验教训中得出科学的认识，从历史规律中把握发展趋势，用以回答和解决自己当前工作中的问题。

一、历史是最好的老师

据《旧唐书·魏徵传》中记载，唐太宗李世民曾讲过："夫以铜为镜，可以正衣冠；以史为镜，可以知兴替；以人为镜，可以明得失。"《战国策·赵策一》中也提出："前事之不忘，后事之师。"可见古人就十分注重对历史经验的汲取。习近平总书记也时常引用

---

① 李君如：《习近平的历史思维、大历史观和坚定我们的文化自信》，《中国浦东干部学院学报》2016 年第 5 期。

"前事不忘，后事之师"，多次强调学习历史的重要意义，十分重视历史经验、历史思维方法对于治国理政的重要作用。

（一）历史思维是治国理政的重要方法论

在 2013 年 3 月 1 日中央党校 80 周年校庆的讲话中，习近平总书记讲道："学史可以看成败、鉴得失、知兴替；学诗可以情飞扬、志高昂、人灵秀；学伦理可以知廉耻、懂荣辱、辨是非。"①阐明了学习历史、诗歌、伦理的重要性，其中指明了学史不仅可以知兴替，还可以看成败、鉴得失，并号召广大领导干部学习中国和世界不同民族的历史文化，让世界不同民族的优秀历史文化为我所用。习近平总书记还分别在 2010 年 7 月 21 日全国党史工作会议、2013 年 6 月 25 日中共中央政治局第七次集体学习、2013 年 7 月西柏坡讲话、2014 年 3 月 28 日德国科尔伯基金会的演讲中、2014 年 7 月 7 日纪念全民族抗战爆发 77 周年等讲话中多次提到，"历史是最好的老师"，"历史是最好的教科书"，"中国共产党的历史是一部丰富生动的教科书"，"对我们共产党人来说，中国革命历史是最好的营养剂"，等等。他要求领导干部要把学习党史、国史作为"必修课"，"这门功课不仅必修，而且必须修好"，一再强调学习历史、掌握历史思维方法的重要性。习近平总书记历史思维方法的形成是对马克思主义经典作家和中国化马克思主义的历史观点的传承与发展。

（二）历史思维方法论是对马克思主义历史观的传承

马克思主义经典作家历来都十分注重历史思维方法。马克思曾

---

① 习近平：《习近平谈治国理政》，外文出版社 2014 年版，第 405 页。

对费尔巴哈的历史观作出批判，指出："当费尔巴哈是一个唯物主义者的时候，历史在他的视野之外；当他去探讨历史的时候，他不是一个唯物主义者。"① 可见，费尔巴哈的唯物主义和历史是完全脱离的。马克思认为："我们仅仅知道一门唯一的科学，即历史科学。"② 恩格斯指出："历史就是我们的一切，我们比其他任何一个先前的哲学学派，甚至比黑格尔，都更重视历史。"③ 列宁也指出："马克思主义的全部精神，它的整个体系，要求人们对每一个原理都要（α）历史地，（β）都要同其他原理联系起来，（γ）都要同具体的历史经验联系起来加以考察"④。马克思列宁主义经典作家都非常注重历史思维方法，要求从具体的历史事实中探寻事物的发展过程，一切以当时历史的时间、地点和条件为转移。

（三）历史思维方法论是对中国化马克思主义历史观的发展

毛泽东、邓小平、江泽民、胡锦涛等中国共产党人也十分注重学习和掌握历史思维方法。毛泽东在 1938 年《中国共产党在民族战争中的地位》一文中首次提出"历史主义"的概念，强调用马克思主义的方法学习中国历史的重要性，指出："今天的中国是历史的中国的一个发展；我们是马克思主义的历史主义者，我们不应当割断历史"⑤。在 1942 年的《如何研究中共党史》中，毛泽东又

---

① 《马克思恩格斯选集》第 1 卷，人民出版社 1995 年版，第 78 页。
② 《马克思恩格斯选集》第 1 卷，人民出版社 1995 年版，第 66 页。
③ 《马克思恩格斯全集》第 3 卷，人民出版社 2002 年版，第 519 页。
④ 《列宁选集》第 2 卷，人民出版社 2012 年版，第 785 页。
⑤ 《毛泽东选集》第二卷，人民出版社 1991 年版，第 533 页。

提出了研究党史的"古今中外法""也就是历史主义的方法"①。在 1961 年的《总结经验，教育干部》中在谈到总结社会主义的十一年经验时再次谈道："我们是历史主义者，给大家讲讲历史，只有讲历史才能说服人"。毛泽东提出的"历史主义"即马克思主义的历史思维方法，强调从历史发展、演变的过程看问题，把问题置于一定的历史范围内，从当时的历史条件出发。邓小平也多次指出历史条件的重要性。1978 年他在全军政治工作会议上的讲话中讲道："我们是历史唯物主义者，研究和解决任何问题都离不开一定的历史条件"②"那种否定新的历史条件的观点，就是割断历史，脱离实际，搞形而上学，就是违反辩证法"③。1991 年 1 月，江泽民在省部级主要领导干部金融研究班结业式上讲道："一名领导干部不善于从历史中吸取营养，不可能成为高明的领导者；一个政党不善于从总结历史中认识和把握社会发展规律，不可能成为顺应历史潮流的自觉的政党；一个民族不善于从历史中继承和发展本民族和世界其他民族创造的优秀文明成果，不可能屹立于世界民族之林。"④ 2012 年 7 月，江泽民在为《简明中国历史读本》作序中再次谈到了这句话，并号召要多读读中华民族发展史，可以使我们加深民族感情、增强民族自信心，更加信心百倍地投身坚持和发展中国特色社会主义、实现中华民族伟大复兴的宏伟事业。2003 年 11 月，胡锦涛在中共中央政治局第九次集体学习时也指出："浩瀚而

---

① 《毛泽东文集》第二卷，人民出版社 1993 年版，第 406 页。
② 《邓小平文选》第二卷，人民出版社 1994 年版，第 119 页。
③ 《邓小平文选》第二卷，人民出版社 1994 年版，第 121 页。
④ 江泽民：《进一步端正学风，努力把全党的学习提高到一个新的水平》，《人民日报》1999 年 1 月 12 日。

宝贵的历史知识既是人类总结昨天的记录，又是人类把握今天、创造明天的向导。一部人类文明史就是人类不断在以往历史的基础上有所发现、有所发明、有所创造、有所前进的历史。"

中华民族历来就有学史、治史、用史的传统。中国共产党人在领导中国革命、建设和改革的过程中，也历来重视知史、鉴史、用史。在当前协调推进"四个全面"战略布局的新形势下，我们更加重视学习历史知识，更加注重用中国历史特别是中国共产党的历史来教育党员干部和人民。中国共产党的历史是中国近现代以来历史最为可歌可泣的篇章，学习中国近现代史要特别注意学习中国共产党的历史。历史在人民的探索和奋斗中造就了中国共产党，中国共产党领导人民又造就了新的历史辉煌。广大党员和领导干部不仅要学习中国历史，还要学习世界历史，不仅要有宽广的世界眼光，而且要有深远的历史眼光。我们要自觉学习历史，把提高历史素养放到更为重要的位置上来看待，多读一点历史特别是中华民族发展史、中国近现代史，陶冶情操，汲取经验，以史为鉴，开阔眼界，以利于牢固树立正确的世界观、人生观、价值观和历史观，增强历史使命感和责任感，提高观察问题、分析问题的水平和能力。

二、牢固树立正确的历史观

我们通常所讲的"历史"主要包含两层含义：一是指客观事物发生发展的历史。世界万事万物都以时间和空间作为存在方式，客观意义的历史就是客观事物自身的时间存在方式，是不以我们个人意志为转移的客观发生、发展变化、转化灭亡史；二是指主观世界对客观世界反映出来的历史。处于历史发展主体的人们对于万事万物的时间存在方式的记叙，是我们对客观历史事件的主观反映和解读，在一定程度上添加了历史记录者的个人主观成分。由于历史客观条件的制约，我们通过教材等出版物读到的历史，主要是第二层意义上的历史。所谓历史观，则是我们对历史事件、人物、发展规律的认识、态度和观点的总和。对待历史，我们需要具有严谨认真的态度，牢固树立正确的历史观，掌握科学的历史思维方法。

（一）坚持唯物主义历史观

习近平总书记的历史思维方法是根植于唯物主义基础之上的，是唯物主义历史观。2013 年 12 月，中共中央政治局第十一次集体学习就是围绕着历史唯物主义基本原理和方法论进行的。习近平总书记指出，历史和现实都表明，只有坚持历史唯物主义，我们才能不断把对中国特色社会主义规律的认识提高到新的水平，不断开辟当代中国马克思主义发展新境界。他进一步坚持和发展了马克思主义经典作家的历史唯物主义基本原理及方法论。马克思主义经典作家的唯物主义历史观正确认识人的活动与社会历史规律，人民、政党、领袖的关系；指出社会存在决定社会意识，社会意识对社会存在具有能动的反作用；经济基础决定政治和思想上层建筑；生产力是社会发展的最终决定性力量；人民群众是一切社会物质和精神财富的创造者，社会规律是人的活动的规律等基本观点。马克思恩格斯从现实的个人的物质生产实践出发，分析历史的前提、发源地、趋势和结果等，用历史唯物主义思维方法阐明了物质生产在人类历史发展中的决定作用，为无产阶级揭示人类社会发展的客观规律。马克思指出：唯物史观是"唯一的唯物主义方法，因而也是唯一的科学方法。"马克思主义历史观要求人们在认识和看待事物时要把事物看成一个历史的发展过程，并根据特定的历史条件作出客观的评价。主要包括社会基本矛盾分析方法、从现实的个人和物质生产出发考察历史的方法、坚持人民群众是历史创造者等方法。

习近平总书记在治国理政中注重运用历史思维方法，在实践中坚持从历史唯物主义出发分析和解决中国的历史与现实、理论和实践的重大问题。如运用历史唯物主义思维方法科学地评价历史人物。2013年12月，习近平总书记在纪念毛泽东同志诞辰120周年座谈会上的讲话中指出："对历史人物的评价，应该放在其所处时代和社会的历史条件下去分析，不能离开对历史条件、历史过程的全面认识和对历史规律的科学把握，不能忽略历史必然性和历史偶然性的关系。不能把历史顺境中的成功简单归功于个人，也不能把历史逆境中的挫折简单归咎于个人。不能用今天的时代条件、发展水平、认识水平去衡量和要求前人，不能苛求前人干出只有后人才能干出的业绩来。"① 再如运用历史唯物主义思维方法理性地分析社会主义的发展历程，正确地看待中国特色社会主义的历史必然性。习近平总书记指出，中国特色社会主义不是从天上掉下来的，是建立在我们党90多年长期奋斗基础上的，是历史地选择了马克思主义、选择了社会主义道路。再如运用历史唯物主义思维方法客观地看待和评价改革开放前后30年的历史及其相互关系。习近平总书记在新进中央委员会的委员、候补委员学习贯彻党的十八大精

---

① 习近平：《在纪念毛泽东同志诞辰120周年座谈会上的讲话》，人民出版社2013年版，第11页。

神研讨班上的讲话中指出："我们党领导人民进行社会主义建设，有改革开放前和改革开放后两个历史时期，这是两个相互联系又有重大区别的时期，但本质上都是我们党领导人民进行社会主义建设的实践探索。中国特色社会主义是在改革开放历史新时期开创的，但也是在新中国已经建立起社会主义基本制度并进行了 20 多年建设的基础上开创的。"[①] "对改革开放前的历史时期要正确评价，不能用改革开放后的历史时期否定改革开放前的历史时期，也不能用改革开放前的历史时期否定改革开放后的历史时期。改革开放前的社会主义实践探索为改革开放后的社会主义实践积累了条件，改革开放后的社会主义实践探索是对前一个时期的坚持、改革、发展。"[②] 总之，在以习近平同志为核心的党中央在治国理政过程中，始终坚持和运用唯物主义的历史思维，具体、历史地分析和评价历史人物、中国社会主义建设历史时期、中国特色社会主义道路等问题，推动中国历史顺利向前发展。

（二）从历史本身出发理解历史

历史具有客观性，我们要正视历史事实。习近平总书记在纪念毛泽东同志诞辰 120 周年座谈会、纪念全民族抗战爆发 77 周年仪式等讲话中指出："历史就是历史，历史不能任意选择"，"历史就是历史，事实就是事实，任何人都不能改变历史与事实。付出了巨大牺牲的中国人民，将坚定不移捍卫用鲜血和生命写下的历史。任何人想要否定、歪曲甚至美化侵略历史，中国人民和各国人民绝不

[①] 习近平：《习近平谈治国理政》，外文出版社 2014 年版，第 22 页。

[②] 中共中央宣传部：《习近平总书记系列重要讲话读本》，学习出版社、人民出版社 2014 年版，第 19 页。

答应。"① 强调历史是客观的，历史是不能随口否认和任意改变的。历史不是任人打扮的小姑娘，承认历史的客观事实，是坚持正确历史观的前提。

历史具有人民性，要客观评价人民、政党、领袖在历史中的地位和作用。其一，人民群众是历史的创造者和主体，历史前进的方向是人民群众合力选择的结果。习近平总书记在纪念毛泽东同志诞辰 120 周年座谈会上讲道："不论发生过什么波折和曲折，不论出现过什么苦难和困难，中华民族 5000 多年的文明史，中国人民近代以来 170 多年的斗争史，中国共产党 90 多年的奋斗史，中华人民共和国 60 多年的发展史，都是人民书写的历史。"在中共中央政治局第十一次集体学习时又强调："要学习和掌握人民群众是历史创造者的观点，紧紧依靠人民推进改革。人民是历史的创造者。要坚持把实现好、维护好、发展好最广大人民根本利益作为推进改革的出发点和落脚点，让发展成果更多更公平惠及全体人民，唯有如此改革才能大有作为。"2013 年 6 月在党的群众路线教育实践活动工作会议上也指出："我们党来自人民、根植人民、服务人民，党的根基在人民、血脉在人民、力量在人民。失去了人民拥护和支持，党的事业和工作就无从谈起。"② 历史的选择和发展不是以某个人的意志为转移的，而是人民群众历史合力选择的结果。是否始终站在最广大人民的立场上，是区分唯物史观和唯心史观、马克思主义与非马克思主义的试金石。其二，一个政党的兴亡最终取决于

---

① 习近平：《在纪念全民族抗战爆发 77 周年仪式上的讲话》，人民出版社 2014 年版，第 4 页。

② 习近平：《习近平谈治国理政》，外文出版社 2014 年版，第 367 页。

人心向背。习近平总书记一再强调："一个政党，一个政权，其前途和命运最终取决于人心向背。如果我们脱离群众、失去人民拥护和支持，最终也会走向失败"。"中国共产党、中华人民共和国的全部发展历程都告诉我们，中国共产党、中华人民共和国之所以能够取得事业的成功，靠的是始终保持同人民群众的血肉联系、代表最广大人民根本利益。如果脱离群众、失去人民拥护和支持，最终也会走向失败。"政党的执政地位和权力是人民群众赋予的，加强执政能力建设要紧紧围绕人民、依靠人民。其三，领袖产生于人民群众和实践活动。习近平总书记指出，领袖从人民和实践中产生，如毛泽东等伟大领袖都是从近代以来中国历史发展的时事中产生的伟大人物，都是从近代以来中国人民抵御外敌入侵，反抗民族压迫和阶级压迫的艰苦卓绝斗争中产生的伟大人物，都是走在中华民族和世界进步潮流前列的伟大人物。总之，推进"四个全面"伟大战略布局，要立足人民、依靠人民、服务人民。只有坚持人民群众是历史的创造者，注重依靠广大人民群众，密切保持和人民群众的血肉联系，一个政党才能保持旺盛的生命力，领袖才不会脱离人民，中国共产党才能顺利地带领人民继续开创中国特色社会主义的伟大未来。

历史具有庄重性，它承载着民族兴旺的重任。历史是传承、认同、根基，深刻地影响着民族未来的走向。"一个民族的历史是一个民族安身立命的基础"，中华民族的历史是中华民族安身立命的基础，中国共产党的历史是中国共产党执政为民的基础。习近平总书记在 2013 年中央党校秋季学期开学典礼上也讲道："历史是一个民族、一个国家形成、发展及其盛衰兴旺的真实记录，是前人的'百科全书'，即前人各种知识、经验和智慧的总汇。"历史已经证明，只有尊重本民族的历史和文化遗产，才能取得成功，民族才能兴旺。无视、割裂、否定自己民族的历史，只会误入歧途。历史虚无主义"否定老祖宗""挖地基"，否定了历史的客观性，从根本上否定的是一个民族、一个国家、一个党，隐藏了不可告人的政治目的。所以，我们要树立科学的历史观，要承认历史、尊重历史、敬畏历史，懂得历史的客观性、人民性、庄重性，历史的结果是历史上广大人民群众合力选择的结果，是一个民族安身立命的基础，不能随意轻薄历史，要与丑化历史、篡改历史、糟蹋历史的历史虚无主义作坚决斗争。

（三）把握历史发展的客观规律

治国理政的历史思维方法论注重把握中国和世界历史发展的客观规律，只有按照历史规律办事，我们才能无往而不胜。马克思主义唯物辩证法的否定之否定规律揭示了任何事物包括历史发展都是前进性与曲折性的统一。前进性主要体现在：每一次否定都是质变，都把事物推进到新阶段；曲折性主要体现在回复上，其中有暂时的停顿或倒退，但是经过曲折终将为事物的发展开辟道路。事物的发展不是直线式前进或上升的，而是呈波浪式前进和螺旋式上升的。中国和世界的历史发展也是遵循这一历史客观规律的，前途是光明的，道路是曲折的，发展是前进性与曲折性的统一。

要把握中国历史发展的客观规律。习近平总书记在2016年1月省部级主要领导干部学习贯彻党的十八届五中全会精神专题研讨班上的讲话中指出："从历史长过程看，我国经济发展历程中新状态、新格局、新阶段总是在不断形成，经济发展新常态是这个长过程的一个阶段。这完全符合事物发展螺旋式上升的运动规律。全面认识和把握新常态，需要从时间和空间大角度审视我国发展。"①这样就全面总结了当今中国经济发展的前进性和曲折性统一的运动规律。从历史上看，中国发展经历了繁盛—衰落—繁盛的几个大的历史时期。中国古代是农业大国，农耕文明长期居于世界领先水平。北宋时，国家税收峰值达到一亿六千万贯，是当时世界上最富裕的国家。近代工业革命发生后，中国自给自足的自然经济逐渐解体，错失工业革命机遇，国家处于贫穷落后、战乱不已的情况长达百余年。新中国成立后，我们党领导人民开始大规模工业化建设，而在后期又经历了"文革"浩劫，未能顺利持续下去。改革开放30多年来，尽管面临各种困难，我国经济总量 2009 年超过日本，居世界第二；我国制造业规模 2010 年超过美国，居世界第一。我们用几十年时间走完了发达国家几百年走过的发展历程，创造了世界发展的奇迹。我们要掌握历史发展的客观规律，唯物地、辩证地、历史地看待中国发展的高峰或低谷、增长或回落，对待中国历史与现实发展都要采取科学分析的态度，反对肯定一切和否定一切的形而上学历史观。

要把握世界历史发展的客观规律。习近平总书记不仅注重对中国历史发展规律的把握，也注重对世界历史尤其是战争规律的总结。他在纪念全民族抗战爆发 77 周年仪式上的讲话中指出："纵观世界历史，依靠武力对外侵略扩张最终都是要失败的。这是历史规律。中国将坚定不移走和平发展道路，并且希望世界各国共同走和平发展道路，让和平的阳光永远普照人类生活的星球。"习近平总

①　中共中央文献研究室编：《习近平总书记重要讲话文章选编》，中央文献出版社 2016 年版，第 384 页。

书记指出，对外侵略的非正义战争最终会失败，这是在总结世界战争历史规律基础上得出的结论。毛泽东在《论持久战》中分析战争形势和走向过程中，也提到了战争中除敌我双方力量强弱对比之外，还有退步与进步、寡助与多助的对比，也是决定战争失败或胜利的重要因素。中国坚定不移地走和平发展道路，是在尊重中国和世界历史发展规律基础上选择的结果。总之，习近平总书记注重从历史中总结规律性认识，从规律性认识中把握中国今天与未来的发展趋势，坚持从历史思维中开辟未来，作出明智的治国理政决策。

三、坚持历史思维开辟未来

"述往事，思来者""欲知大道，必先为史"。把握历史的发展逻辑可以对现实和未来的发展进行合理地预测，开创未来要依靠总结历史经验、汲取历史智慧，立足现实实际，这是习近平治国理政的重要思维特点。

（一）历史、现实、未来是相通的

习近平总书记在中共中央政治局第二次集体学习时强调："历史、现实、未来是相通的。历史是过去的现实，现实是未来的历史"。"一切向前走，都不能忘记走过的路；走得再远、走到再光辉的未来，也不能忘记走过的过去"[①]。2014年5月4日，习近平总书记在北京大学同师生进行座谈时说过："一个民族、一个国

---

① 习近平：《在纪念毛泽东同志诞辰120周年座谈会上的讲话》，人民出版社2013年版，第14页。

家，必须知道自己是谁，是从哪里来的，要到哪里去，想明白了、想对了，就要坚定不移朝着目标前进。"他一再强调："中国的今天是从中国的昨天和前天发展而来的。要治理好今天的中国，需要对我国历史和传统文化有深入了解，也需要对我国古代治国理政的探索和智慧进行积极总结。""一个民族的历史深刻影响着一个民族的现在和未来。今天的中国从历史的中国发展而来。我们国家和民族的发展史，包含着治国安邦的深刻道理，也揭示了今天我国发展道路的历史必然性。要夺取改革开放和社会主义现代化建设的成功，我们不仅应该懂得中国的今天，而且还应该懂得中国的昨天和前天。"2014 年 2 月习近平总书记在钓鱼台国宾馆会见连战及台湾各界人士时提出："历史不能选择，但现在可以把握，未来可以开创。"这些论述，都体现了历史、现实与未来是相通的。我们要正确认识回顾过去、面向现实和展望未来的辩证统一关系。一方面，回顾过去是为了更好地面向现实和展望未来。回顾过去也有利于开拓思路、预判形势、把握规律、科学决策，为展望未来提供历史经验的支撑；另一方面，面向现实是回顾过去和展望未来的基点，同时又为展望未来做必要准备。回顾过去和展望未来都必须立足于现实的基本状况，基于现实的政治经济形势、思想理论水平、科学技术条件等。我们只有弄清楚中国历史的过去，才能懂得中国特色社会主义的今天，增强道路自信、理论自信、制度自信、文化自信，把党和国家明天各项事业推向前进。

（二）汲取历史智慧启迪现实与未来

"明镜所以照形，古事所以知今。"回顾历史，鉴往知来。2014 年 3 月，习近平总书记在德国科尔伯基金会的演讲中引用德国文学家莱辛和前总理勃兰特的说法："历史不应该是记忆的负担，而应该是理智的启迪""谁忘记历史，谁就会在灵魂上生病"。习近平总书记在纪念毛泽东同志诞辰 120 周年座谈会上讲道："历史总是向前发展的，我们总结和吸取历史教训，目的是以史为鉴、更好前进"，为现实和未来提供参考。在纪念全民族抗战爆发 77 周年、庆祝中国共产党成立 95 周年、致第二十二届国际历史科学大会的贺信中习近平总书记也多次谈道："历史是最好的教科书，也是最好的清醒剂。""我们回顾历史，不是为了从成功中寻求慰藉，更不是为了躺在功劳簿上、为回避今天面临的困难和问题寻找借口，而是为了总结历史经验、把握历史规律，增强开拓前进的勇气和力量。""重视历史、研究历史、借鉴历史，可以给人类带来很多了解昨天、把握今天、开创明天的智慧。"这就指出了回顾和总结历史对于现实和未来具有警醒和启迪的功能。推进中国改革发展，实现现代化，需要历史镜鉴启迪。分析研究党史国史，全面深入总结其经验教训，目的在于深化对人类社会历史发展一般规律、社会主义建设规律和中国共产党执政规律的认识，在于为今天和明天提供参考和启迪。

（三）从现实出发总结历史开创未来

"产生于过去的现在，孕育着伟大的未来。"了解历史的目的之一在于正确地把握现在，从发展变化了的现实实际出发才能开创未来。习近平总书记在庆祝全国人民代表大会成立 60 周年大会上发表重要讲话时强调："要坚持从国情出发、从实际出发，既要把握长期形成的历史传承，又要把握走过的发展道路、积累的政治经验、形成的政治原则，还要把握现实要求、着眼解决现实问题，不能割断历史。"他提出要在汲取历史经验的基础上，还要从实际的党情国情出发，解决现实问题。习近平总书记在中央党校建校80周年庆祝大会暨2013年春季学期开学典礼上的讲话中也提出："各级领导干部要认真学习党史、国史，知史爱党，知史爱国。要了解我们党和国家事业的来龙去脉，汲取我们党和国家的历史经验，正确了解党和国家历史上的重大事件和重要人物。这对正确认识党情、国情十分必要，对开创未来也十分必要，因为历史是最好的教科书。"继续开创中国特色社会主义伟大事业，需要我们对现实的党情、国情有充分了解和认识。关于当前的党情，习近平总书记在党的群众路线教育实践活动总结大会上的讲话中进行了明确分析和判断，指出："我们党是一个拥有8600多万党员、在一个13亿多人口的大国长期执政的党，党的形象和威望、党的创造力凝聚力战斗力不仅直接关系党的命运，而且直接关系国家的命运、人民的命运、民族的命运。在新的历史起点上坚持和发展中国特色社会主义，我们党面临的执政考验、改革开放考验、市场经济考验、外部环境考验是长期的、复杂的、严峻的，精神懈怠危险、能力不足危险、脱离群众危险、消极腐败危险更加尖锐地摆在全党面前"①。他在复杂的执政环境中，提出了要全面从严治党的伟大决策。关于当前的国情，党的十八大报告提出了"三个没有变"，即"我国仍处于并将长期处于社会主义初级阶段的基本国情没有变，人民日益增长的物质文化需要同落后的社会生产之间的矛盾这一社会主要矛盾没有变，我国是世界最大发展中国家的国际地位没有变。"分别

① 习近平：《在党的群众路线教育实践活动总结大会上的讲话》，人民出版社2014年版，第12页。

从发展阶段、主要矛盾、国际地位方面对中国国情进行了科学论断。党的十八大以来，围绕当代中国面临的一系列重大问题，新一届党中央从时代和全局高度提出了"四个全面"战略布局、五大发展理念等新理念新思想新战略，开拓了马克思主义发展的新境界，是指导具有许多新的历史特点的伟大斗争最鲜活的马克思主义。

总之，广大党员和领导干部只有充分重视历史，树立唯物主义历史观，坚持从历史本身出发理解历史，把握历史发展的客观规律，承认历史，尊重历史，敬畏历史，才能深刻认识和把握中国革命、建设和改革各个历史时期的丰富经验，升华思想境界、提高工作本领，站在历史的深厚基础上走向未来，做时代发展的弄潮儿。

第五讲

创新思维与开拓进取

党的十八大以来，党和国家事业发展的一个显著特点就是开拓创新。在治国理政的理论探索与实践进程中，习近平总书记提出的中国梦、"四个全面"战略布局、国家治理体系与治理能力现代化、经济发展新常态、新发展理念、人类命运共同体、"一带一路"建设等新理念新思想新战略，其中蕴含的创新思维和开拓进取精神富有历史性、全局性、系统性和革命性特点，具有里程碑意义。习近平总书记反复强调："坚持创新发展，就是要把创新摆在国家发展全局的核心位置，让创新贯穿国家一切工作，让创新在全社会蔚然成风。"深入学习贯彻习近平总书记系列重要讲话精神，既要准确理解讲话中提出的一系列治国理政新理念新思想新战略，更要深刻把握讲话贯穿与蕴含的科学思维方法，特别是其中的创新思维方法论。

一、改革创新是当今时代精神的核心

2013 年 3 月，习近平总书记在十二届全国人大一次会议闭幕会上指出："实现中国梦必须弘扬中国精神。这就是以爱国主义为核心的民族精神，以改革创新为核心的时代精神。"时代精神是一个社会最新的精神气质、精神风貌和社会风尚的综合体现。经过五千多年文明史的砥炼和积累，中华民族形成了以改革创新为核心的时代精神，成为中华民族优良传统的重要组成部分，是中华民族保持强大凝聚力、生命力和创造力的根本所在。

（一）当今时代的特征

所谓时代，指的是人类历史发展过程中的不同历史阶段，揭示和反映了每一个历史阶段的主要特征和发展趋势。分析事物发生发展的时代依据是马克思主义研究问题的基本方法，把握时代特征是马克思主义战略观的鲜明特色。认清时代的性质与基本特征，是坚持解放思想、实事求是、与时俱进的根本要求，是正确理解和执行党的路线方针政策的理论基础，是制定正确的国内国际战略、策略的迫切需要。

当今时代在和平与发展的主题下正发生着日新月异的变化，经济全球化、政治多极化、文化多元化、科技信息化及生态文明社会等当今时代的特征正更加立体、全面地深化着时代主题，更深刻地开拓着人类社会走向现代文明之路。

一是当今时代的经济特征——全球化时代。经济全球化是社会生产力急剧扩张、科学技术快速发展的产物，反映了世界经济发展的必然趋势。全球化的经济含义十分明确，即把世界作为一个统一的市场，将有限的资源在全球范围内优化配置，从而求得效用的最大化。因此，全球化的一个最基本的特征就是相互依存，造成一种各国经济你中有我、我中有你的交融局面。

二是当今时代的政治特征——多极化时代。经济全球化为当代的政治多极化进程提供了与以往不同的历史条件，政治多极化作为经济全球化特定阶段在上层建筑领域的表现，是人类社会的进步，是国际政治格局演变的客观趋势。多极化的实质应当是追求国际关系的民主化，包括各国发展道路的多元化。习近平总书记在充分总结政治多极化规律的基础上深刻指出："要推动全球治理理念创新发展，积极发掘中华文化中积极的处世之道和治理理念同当今时代的共鸣点，继续丰富打造人类命运共同体等主张，弘扬共商共建共享的全球治理理念。"

三是当今时代的文化特征——多元化时代。所谓文化多元化，是指一个国家或一个民族在社会发展的过程中，在继承本民族的优秀文化基础上，兼收并蓄其他国家或民族的优秀文化，从而形成以本国或民族文化为主、外来文化为辅的百花齐放、百家争鸣的和谐社会氛围。用费孝通先生的话："各美其美，美人之美，美美与共，天下大同。"讲得更简单一点，也可以用《论语·子路》所载孔子的一句名言："和而不同"。文化的多元化实质上是价值观、行为模式的多元化，也就是每个人、每个民族都有按照自己的价值判断坚持和选择文化的权利和自由。

四是当今时代的科技特征——信息化时代。信息技术是不断伴随人类社会的进步而进步的，它是人类社会向前发展的内在需求，而且随着生产力的提高，这种需求必然更加强烈。经济学家们普遍认为，进入 21 世纪后，人类正在由工业化时代进入信息化时代，信息已成为第一生产要素，构成信息化社会的重要技术物质基础。

五是当今时代的社会特征——生态文明时代。全球性资源环境问题的出现，将保护和改善生态环境提上了文明发展的议程，生态文明时代如何确定合理的生产力发展速度、生态保护的约束强度，在发展与保护之间寻求合理的平衡点，成为不可回避的问题。党的十八大把生态文明建设纳入中国特色社会主义事业"五位一体"总体布局，明确提出大力推进生态文明建设，努力建设美丽中国，实现中华民族永续发展。这标志着我们对中国特色社会主义规律认识的进一步深化，表明了我们加强生态文明建设的坚定意志和坚强决心。

（二）当今时代需要新的时代精神引领

每一个时代都有与之相适应的时代精神，时代精神是一个社会在最新的创造性实践中激发出来的，反映社会进步的发展方向、引领时代进步潮流，为社会成员普遍认同和接受的思想观念、价值取向、道德规范和行为方式，是一个社会最新的精神气质、精神风貌和社会时尚的综合体现。

伟大的时代呼唤伟大的精神，时代精神不仅是时代发展的重要标志，而且是推动民族进步的精神动力。中国共产党在领导中国人民进行革命、建设和改革的过程中，历来重视培育时代精神，并积极发挥其对于社会和人自身发展的动力作用。中国革命与建设的每一次胜利，都与其形成的时代精神密切相关。在90多年奋斗的各个历史时期，先后形成了延安精神、雷锋精神、焦裕禄精神、"两弹一星"精神等一系列闪烁着时代光辉的伟大精神，影响和激励着一代代中国人，深刻改变着一个时代的精神面貌。

习近平总书记曾深刻指出："每个时代都有每个时代的精神。我曾经讲过，实现中国梦必须走中国道路、弘扬中国精神、凝聚中国力量。核心价值观是一个民族赖以维系的精神纽带，是一个国家共同的思想道德基础。如果没有共同的核心价值观，一个民族、一个国家就会魂无定所、行无依归。为什么中华民族能够在几千年的历史长河中生生不息、薪火相传、顽强发展呢？很重要的一个原因就是中华民族有一脉相承的精神追求、精神特质、精神脉络。"①

（三）改革创新是当今时代精神的核心

在当今社会，人们的实践活动发生了很大变化，技术创新、社会制度创新等已经成为人们生存和发展活动的最主要的形式，这表明改革创新已经成为当今时代的主题。尤其是 20 世纪 70 年代以后，伴随新技术革命浪潮的蓬勃兴起，发达国家开始了持续深入的产业结构调整，社会主义国家和发展中国家出现了市场取向的改革，世界范围内形成了一股经久不衰的创新浪潮，"创新"成为反映当代时代精神的重要概念。也正是在这个意义上，习近平总书记指出："实现中国梦必须弘扬中国精神。这就是以爱国主义为核心的民族精神，以改革创新为核心的时代精神"。"改革创新始终是鞭策我们在改革开放中与时俱进的精神力量。"

第一，知识创新速度加快，而且它对经济增长的贡献率大幅度提高。当今知识更替、知识积累的速度更是惊人，呈"知识爆炸"形态。据有关资料显示，1750 年至 1900 年的 150 年间，知识积累量翻了一番；1900 年至 1950 年的 50 年间又翻一番；1950 年至 1960 年的 10 年间又翻一番；1960 年至 1992 年，每 5 年翻一番；到 2020 年，每 73 天就要翻一番。近 30 年来全世界所创造的知识，相当于人类在此以前 2000 年文明所创造的总和。② 相应地，知识更新的速度也在加快。据统计，18 世纪初，科学知识更新周期为

---

① 习近平：《在文艺工作座谈会上的讲话》，人民出版社 2015 年版，第 22 页。

② 杨麻：《学习是克服恐慌的最好办法》，《人民日报》（海外版）2003 年 2 月 21 日。

80—90 年；19 世纪末到 20 世纪初缩短到 30—40 年；第二次世界大战后，这一周期又缩短到 15 年，个别前沿学科只有 5—10 年。①知识创新对经济增长的作用也日益增大。在过去的 10 年里，联合国经合组织（OECD）主要成员国国民生产总值的 50% 以上依赖于知识。据有关部门测算，发达国家 20 世纪初期科技进步对经济增长的贡献率仅为 5%—20%，20 世纪中期上升到 50% 左右，20 世纪 80 年代末期达到 60%—80%。②

第二，技术创新速度加快，科学技术转化为现实生产力的周期大大缩短。18 世纪，科技发展转化为应用技术，再转化为商品的时间大约需要 100 年。19 世纪这一过程只需 50 年；第二次世界大战前为 20—30 年，战后降为 7 年。1990 年以来，这一过程进一步加快，一般为 2—5 年。例如，作为第一次产业革命标志的蒸汽机，从发明到应用经过了 80 年；作为第二次产业革命标志的电动机，从发明到应用经过了 61 年；20 世纪初的收音机，花了 30 多年；20 世纪 70 年代的微电子技术，只用了 15 年；20 世纪 90 年代以来，微型计算机领域半年就有一代新产品问世。③

第三，管理创新已成为价值创造的重要源泉。管理创新就是实现各种生产要素的新组合，实现知识、技术、资本、信息、人力资源、市场需求的新组合。知识创新和技术创新为价值大幅度的增值

---

① 陈志良等主编：《知识爆炸：高科技与知识经济》，科学普及出版社 1999 年版，第 58 页。

② 朱丽兰：《二十一世纪：科学技术突飞猛进的时代》，《光明日报》2000 年 12 月 29 日。

③ 《全球技术创新新趋势》：http://www.Techinfo.gov.cn/kjzx/contect.asp? news_id＝1639。

提供了可能，但知识创新和技术创新要实现其巨大的价值，还要靠管理创新将其投入生产和推向市场。所以，企业家和管理者的创新实践也越来越重要。从世界企业 500 强来看，这些企业之所以可以创造巨大的销售收入和利润，除了在知识创新和技术创新方面具有优势外，一个非常重要的原因，就是都非常重视管理创新。

第四，制度创新已经成为推动经济增长和社会发展的重要力量。制度创新不仅可以降低交易成本、为经济提供服务、为合作创造条件、提供激励机制、外部利益内部化等功能对技术进步作贡献，从而间接推动经济增长和社会发展，而且还可以直接促进经济增长和社会发展。在破解"李约瑟之谜"时，科斯认为，持久的经济增长都起因于一种适宜所有权演进的环境，这种环境促进了从继承权完全无限制的土地所有制、自由劳动力、保护私有财产、专利法和其他对知识财产所有制的激励措施，直到一套旨在减少产品和资本市场缺陷的制度安排。[①] 尤其是在广大发展中国家，普遍存在着制度缺陷，技术进步、经济增长和社会发展因此缺乏动力和保障机制。在这种情况下，制度就成为社会进步的"瓶颈"，制度创新就显得尤为重要。不仅在发展中国家，而且就发达国家而言，由于科学技术的进步使得传统的经营管理模式发生了根本性的变化，也需要积极进行制度创新，以保证经济增长和社会发展。

当代中国最鲜明的特点，就是在中国共产党领导下坚定不移地推行改革开放。在这一时代条件下，逐步产生了在全社会具有普遍性的追求变革、勇于创新的精神文化。以改革创新为核心的时代精

[①] 参见［美］R·科斯：《财产权利与制度变迁》，上海三联书店 1994 年版。

神，是中华民族富于进取的思想品格和马克思主义与时俱进的理论特征与中国革命、建设、改革实践相结合的伟大成果，是中华民族进步的不竭动力。改革创新是时代的最强音，是中华民族繁荣发展的灵魂，是我们国家兴旺发达的不竭动力。1978 年，我们党召开具有重大历史意义的十一届三中全会，开启了改革开放历史新时期。从那时以来，中国共产党人和中国人民以一往无前的进取精神和波澜壮阔的创新实践，谱写了中华民族自强不息、顽强奋进新的壮丽史诗，中国人民的面貌、社会主义中国的面貌、中国共产党的面貌发生了历史性变化。事实雄辩地证明，改革开放是决定当代中国命运的关键抉择，是发展中国特色社会主义、实现中华民族伟大复兴的必由之路。实践永无止境，创新永无止境。

二、创新首先是一种求异的
思维和实践活动

习近平总书记指出，创新首先是一种求异的思维和实践活动，充满着不确定性和风险性，必须要有一种精神和勇气来支撑。英国著名哲学家怀特海把创新喻为"思想的历险"，这个话非常深刻，只有在思想上突破传统，拥有了奋起自强的精神，敢于探索和实践的勇气，自主创新才会大有可为。从世界范围来看，通过自主创新实现赶超的只有少数国家和地区，而这些国家和地区都具有很强的民族精神，把创新作为国家的意志。因此，一方面，我们要努力构建倡导创新价值体系，在全社会树立崇尚科学、求真务实的价值观念和创新意识，使自主创新成为一种精神、一种品质、一种风尚，为自主创新奠定最广泛、最坚实的社会人文基础；另一方面，要尊重群众的首创精神，创造一个公平、竞争、合作的创新创业环境，营造一种敢为人先、敢冒风险，勇于探索、宽容失败的政策和文化氛围，提高全民创新的积极性，进一步激发全社会的创造活力。

第一，创新具有首创性的特点。创新的创造性是一种首创性，就是那些能为一般的常规实践提供模仿依据的创造。创新的根本要求就在于出"新"，它的本质就在于超越。例如，知识创新意在发现事物运动的新规律，就意味着对现有的知识体系增添了新内容；发明了一种新产品的技术创新，就意味着人们的日常生活增加了新品种；创建了一个新组织的制度创新，就意味着为人类社会的制度体系中增添了新的形式。创新所获得的这些发现、发明和创建，都意味着对原有知识、技术、制度的突破，都包含有某种首创性的特点，即使是社会上已有的事物，将其重新结合，也会给社会生活带来全新的影响和首创性的震撼。创新就是想别人之所未想、见别人之所未见、行别人之所未行的人类实践，否则就不能视作"新"，而是常规实践。在创新获得创新成果的同时，它的存在是唯一的，别人如果想取得它就必须通过学习、培训，而经过学习培训掌握它能够达到的程度最多只能是复杂劳动，而不可能是创新。从这个角度来讲，创新具有首创性的特点，是不可重复的，一旦重复进行就不是创新了，而是创新的扩散，就成了模仿性的常规实践。因此，鼓励人们解放思想，敢于冒险，勇于创新，需要培养一个允许失败、宽容失败的社会环境。创新不是口号，而是一种实践、尝试、探索，因而凡是创新就难免会有失败。要使创新成为一种精神、一种品质、一种风尚，成为鲜明的时代特征，就要宽容失败、正视失败。只许成功，不许失败，只是主观愿望，不是客观事实，只会自缚手脚，碌碌无为。

第二，创新具有不确定性的特点。创新具有较大程度的不确定性。无论是知识创新、技术创新还是管理创新都是如此。因为创新涉足的是一个新的领域，人们由于主客观原因，比如对客观对象的性质和规律还不十分了解，更难把握变革对象时出现的各种偶然性因素，加上变革对象的物质手段和行为规范的缺乏或不完善，以及客观事物的复杂和多变等，因而，人们就会对实践过程中的许多因素预见不到，实践结果也往往和预想的不同。这种情况在创新史上屡见不鲜。就知识创新而言，它取得新认识的结果本身只是一种可能，它的关于种种可能向未来现实转化的超前意识，只掌握着未来现实世界的一般规律，不能掌握未来世界现实的特殊或个别。尽管它是一种思维具体，但思维具体本质上还是一般，它远没有未来的实际丰富、多样。知识创新不确定性的客观原因在于认识对象的不确定性，其主观原因在于主体的素质结构的不完善性。即使具备知识创新的能力，知识创新成果的出现也具有偶然性和不确定性。例如，法拉第为了探索磁和电之间的关系，孜孜不倦地进行了 10 年的实验却仍未找到答案，然后他不得不去休假。然而，当他重返实验室时几乎毫不费力地发现了磁和电之间的关系。技术创新也是不确定的。创新产品的生产因为是一种开创性的研究或创造，其生产周期不可能像其他产品那样，人们可以凭借以往的经验对其进行大致的估计和判断。虽然人们在制定一项科研计划时也有一定的时限，但是这种时限往往具有高度的弹性空间，因为哪怕是一种小型的创新活动，比如一种新产品或新工艺的研制开发，也由于其成功率的不确定性而难以规定具体的日期，更别说一项大的创新工程了。管理创新同样具有不确定性，这是由管理对象的复杂性和管理任务的突发性所决定的。

第三，创新具有高风险性的特点。创新同时具有高风险性的特点，这是由创新的不确定性所决定的。未来的不确定性有两种结果，一种是有利于创新主体的结果；另一种是不利于创新主体的结果，不利于创新主体的结果就是风险。一般来讲，不确定性程度越大，其风险越大。创新需要投入相应的人力、物力、财力，投入的多少取决于创新的程度。一般而言，创新程度越大，投入越大。创新能否成功、这些投入能否顺利得到回报，受到许多不确定因素影响，也可能回报非常丰厚，也可能血本无归，甚至会付出生命代价。改革创新需要一个允许失败、宽容失败的制度安排。因为所有的改革创新都意味着突破，就意味着不确定性，也就意味着改革创新者要面临较高的风险。因此，改革创新需要一个鼓励创新、支持创新、宽容失败的制度环境。改革创新具有更大的风险性，有的还要面临不同程度的政治风险，甚至有些人还要面临生命危险。这种事情并不鲜见，我国古代的商鞅、王安石、"戊戌六君子"等制度革新者的下场没有一个是好的。这种"天不变，道亦不变"的制度环境在很大程度上窒息着中国古代人民群众的创新精神。我们缺乏的也正是这么一种精神，因此我们必须通过制度上的不断创新，保护人的大胆试、大胆闯的创新精神，不能动不动就"扣帽子""打板子"。我国30多年来各方面改革所取得的成功，都和建立了相对比较宽松的政治制度环境分不开。

三、创造性地解决发展中的各种矛盾和问题

习近平总书记指出："当前，全党面临的一个重要课题，就

是如何正确认识和妥善处理我国发展起来后不断出现的新情况新问题。现在，我们遇到的问题中，有些是老问题，或者是我们长期努力解决但还没有解决好的问题，或者是有新的表现形式的老问题，但大量是新出现的问题。新问题每时每刻都在出现，而且多数又是我们过去不熟悉或者不太熟悉的。出现这样的状况，是由世情、国情、党情的发展变化引起的。不论是新问题还是老问题，不论是长期存在的老问题还是改变了表现形式的老问题，要认识好、解决好，唯一的途径就是增强我们自己的本领。增强本领就要加强学习，既把学到的知识运用于实践，又在实践中增长解决问题的新本领。"① "日新之谓盛德。"创新是中华民族的优良传统，"四大发明"加快了世界走向现代文明的脚步，为人类发展作出了巨大贡献。善于学习、善于继承的习近平总能将创新很好地融在他的所有工作中，在他的讲话中经常引用"苟日新，日日新，又日新"这一中华历史名言。在延川县梁家河村，他带领群众创新沼气池；在河北正定，他创新旅游业发展，创新发展"半城郊型经济"；在福建宁德，他创新出"四下基层"工作法，创新出摆脱贫困的理论与实践；在浙江，他带领全省干部群众全面推进创新型省份建设，将创新贯穿在全省工作的方方面面。党的十八大以来，以习近平同志为核心的党中央毫不动摇坚持和发展中国特色社会主义，勇于实践、善于创新，深化对共产党执政规律、社会主义建设规律、人类社会发展规律的认识，形成一系列治国理政新理念新思想新战略，为在新的历史条件下深化改革

① 习近平：《在中央党校建校 80 周年庆祝大会暨 2013 年春季学期开学典礼上的讲话》，人民出版社 2013 年版，第 3 页。

开放、加快推进社会主义现代化提供了科学理论指导和行动指南。

第一，通过科技创新，不断推动生产力的发展，以解决经济发展问题，为人类和社会的发展创造物质基础。习近平总书记指出："一个地方、一个企业，要突破发展瓶颈、解决深层次矛盾和问题，根本出路在于创新，关键要靠科技力量。要加快构建以企业为主体、市场为导向、产学研相结合的技术创新体系，加强创新人才队伍建设，搭建创新服务平台，推动科技和经济紧密结合，努力实现优势领域、共性技术、关键技术的重大突破，推动中国制造向中国创造转变、中国速度向中国质量转变、中国产品向中国品牌转变。"① 发展的物质基础则是经济发展，这个问题在发展中国家显得尤为重要。正如联合国粮农组织所指出的："真正的敌人是贫穷和社会不平等。怎么能让饥饿的人们在生存都无法保障的情况下，来保护自然资源和环境，以及为后代创造财富呢?"技术创新作为技术与经济之间的中介环节，在经济的发展中起着至关重要的作用。正如习近平总书记所指出的："世界经济长远发展的动力源自创新。总结历史经验，我们会发现，体制机制变革释放出的活力和创造力，科技进步造就的新产业和新产品，是历次重大危机后世界经济走出困境、实现复苏的根本。"② 也正是在这个意义上，习近平总书记强调："无论是在国内同中国企业家交流，还是访问不同国家，我都有一个强烈感受，那就是新一轮科技和产业革命正在创

---

① 习近平:《在河南考察时的讲话》(2014 年 5 月 9 日、10 日)，《人民日报》2014 年 5 月 11 日。

② 《创新增长路径，共享发展成果》(2015 年 11 月 15 日)，《人民日报》2015 年 11 月 16 日。

造历史性机遇，催生"互联网+"、分享经济、3D 打印、智能制造等新理念、新业态，其中蕴含着巨大商机，正在创造巨大需求，用新技术改造传统产业的潜力也是巨大的。我们应该抓住机遇，把推动创新驱动和打造新增长源作为二十国集团新的合作重点，重视供给端和需求端协同发力，加快新旧增长动力转换，共同创造新的有效和可持续的全球需求，引领世界经济发展方向。"① "创新驱动是形势所迫。我国经济总量已跃居世界第二位，社会生产力、综合国力、科技实力迈上了一个新的大台阶。同时，我国发展中不平衡、不协调、不可持续问题依然突出，人口、资源、环境压力越来越大。我国现代化涉及十几亿人，走全靠要素驱动的老路难以为继。物质资源必然越用越少，而科技和人才却会越用越多，因此我们必须及早转入创新驱动发展轨道，把科技创新潜力更好释放出来。"②

第二，通过文化创新，以解决文化发展问题，为人类和社会的发展提供智力支持和精神动力。正如习近平总书记所指出的："中华民族有着深厚文化传统，形成了富有特色的思想体系，体现了中国人几千年来积累的知识智慧和理性思辨。这是我国的独特优势。中华文明延续着我们国家和民族的精神血脉，既需要薪火相传、代代守护，也需要与时俱进、推陈出新。要加强对中华优秀传统文化的挖掘和阐发，使中华民族最基本的文化基因与当代文化相适应、与现代社会相协调，把跨越时空、超越国界、富有永恒魅力、具有

---

① 《创新增长路径，共享发展成果》(2015 年 11 月 15 日)，《人民日报》2015 年 11 月 16 日。

② 习近平：《在十八届中央政治局第九次集体学习时的讲话》(2013 年 9 月 30 日)，《人民日报》2013 年 10 月 2 日。

当代价值的文化精神弘扬起来。"① 当今世界自然危机、生态危机、人与自然关系的危机、人的生存发展的危机，说到底是文化观念的危机，因而必须在文化观念上进行批判、反思，同时进行建设，实现创新，改变、超越传统的思维方式、价值观念等，如实现整体思维方式，承认、尊重自然自身的价值及其伦理意义等。因此，我们要通过推动中华文明创造性转化、创新性发展，激活其生命力，让中华文明同各国人民创造的多彩文明一道，为人类提供正确精神指引。要围绕我国和世界发展面临的重大问题，着力提出能够体现中国立场、中国智慧、中国价值的理念、主张、方案。我们不仅要让世界知道"舌尖上的中国"，还要让世界知道"学术中的中国""理论中的中国""哲学社会科学中的中国"，让世界知道"发展中的中国""开放中的中国""为人类文明作贡献的中国"。

第三，通过制度创新，推动制度文明的发展，借以实现人、自然和社会的协调发展提供制度保障。包括社会制度创新、生活方式创新、交往方式创新，以尊重自然、促进自然的发展为基础，协调人与人之间的关系。改革开放是我们党在新的时代条件下带领人民进行的新的伟大革命，开创了中国特色社会主义发展的新征程。改革的一个重要目的是推动我国社会主义制度自我完善和发展，使中国特色社会主义制度更加成熟、更加定型。今天，中国特色社会主义实践已经取得了巨大的阶段性成果，我们建立了中国特色社会主义基本制度。接下来，我们的主要任务就是完善和发展中国特色社会主义制度，为党和国家事业发展、为人民幸福安康、为社会和谐

---

① 习近平：《在哲学社会科学工作座谈会上的讲话》，人民出版社 2016 年版，第 17 页。

稳定、为国家长治久安提供一整套更加完备、更加定型的制度体系。因此，全面深化改革的实质就是进行系统的制度创新。制度问题带有全局性、稳定性和长期性，是决定一个国家性质和竞争力的根本。全面深化改革，必须紧紧围绕制度创新，大胆闯、勇敢试、有序改，做到蹄疾而步稳，要准确把握改革试点方向，把制度创新作为核心任务，发挥试点对全局改革的示范、突破、带动作用。

全党同志必须坚持以马克思列宁主义、毛泽东思想、邓小平理论、"三个代表"重要思想、科学发展观和习近平总书记系列重要讲话精神为指导，毫不动摇坚持和发展中国特色社会主义，坚持马克思主义的发展观，坚持实践是检验真理的唯一标准，发挥历史的主动性和创造性，清醒认识世情、国情、党情的变和不变，永远要有逢山开路、遇河架桥的精神，锐意进取、大胆探索，敢于和善于分析回答现实生活中和群众思想上迫切需要解决的问题，不断深化改革开放，不断有所发现、有所创造、有所前进，不断推进理论创新、实践创新、制度创新和文化创新。

第六讲

系统思维与顶层设计

习近平总书记高度重视运用系统思维和系统方法谋划工作、指导实践，多次强调各级领导干部要有系统思维。2012 年 12 月，在中共中央政治局第二次集体学习时，习近平总书记指出："要加强宏观思考和顶层设计，更加注重改革的系统性、整体性、协同性……改革开放是个系统工程，必须坚持全面改革，在各项改革协同配合中推进。"① 2013 年 9 月，在同党外人士座谈时，习近平总书记再次指出："全面深化改革是一项复杂的系统工程，需要加强顶层设计和整体谋划，加强各项改革关联性、系统性、可行性研究。"② 习近平总书记关于系统思维与顶层设计的重要论述，运用马克思主义哲学原理，对当前和今后我国的深化改革与推动发展提出了一个带有指导性的思想方法论，即要"系统地而不是零散地"观察分析、思考认识事物，要强化系统思维，注重顶层设计，善于"抓重点""弹钢琴"，协同配合推进各项工作。

---

① 习近平：《习近平谈治国理政》，外文出版社 2014 年版，第 67 页。
② 《中共中央召开党外人士座谈会征求对中共中央关于全面深化改革若干重大问题的决定的意见》，《人民日报》2013 年 11 月 14 日。

一、领导干部要强化系统思维

系统思维是指运用系统理论的观点和方法认识事物，把认识对象作为具有一定结构和功能的、并且多方面相互联系的有机整体，在动态中探索和把握系统中要素与要素、要素与系统、系统与外部环境之间的相互作用和变化规律，争取实现最优处理问题的思维方法。与其他思维方式相比，系统思维具有整体性、结构性、动态性、开放性和协同性等特点。

（1）整体性。一般系统论的创始人贝塔朗菲，将系统定义为若干相互作用着的要素有机联系形成的整体，即系统是由要素组成，各个要素之间又是相互联系、相互影响的。系统的整体性并不是指各系统要素简单的叠加，而是指通过一定结构将各个要素有机联系起来，使系统的整体具备单个要素所不具备的新功能。系统思维的整体性要求主体在认识客观对象时，必须从内部看到事物具有的整体凸显性，认识到整体不等于各部分特征和作用的线性叠加，而是具有与部分完全不同的新特征和新性质，同时整体对部分具有下向的因果作用，规定并限制部分的发展趋势；从外部看整体性原则要求主体必须从纵横交错、延续不断地发展网络和发展过程中考察客体，再现认识对象同其他不同系统之间的关系。

（2）结构性。系统思维的结构性是强调从系统的结构角度去认识系统的功能，认识系统要素是按照怎样的结构模式联系在一起以及如何实现互动互应的。要素作为系统功能实现的基础固然重要，但是从要素到功能必须通过结构中介，因此系统思维的结构原则要求主体学会把握对象系统的结构，并自觉使思维活动结构化、有序化，最终实现以优化的思维结构促进系统结构的优化。

（3）动态性。系统思维的动态性是由客观事物的动态性所决定的，它包括两方面内容：一是指过程思维，也即系统思维的历时性原则，是指把复杂系统当作过程系统来看待，认识到系统的现实状态都是由其以往的状态生成演变而来的，侧重于关注过程的起点和终点以及阶段的划分等内容；二是指动态思维，这里的动态主要指与动力学特性相关，因为思维过程的动力学因素与思维的非线性因素总是相互联系，所以系统思维的动态原则要求认识主体要坚持以非线性思维来考察对象系统。

（4）开放性。系统思维的开放性是系统形成有序结构的重要前提。系统思维的开放原则是指系统思维认为凡是系统都是开放的，都要与外部环境进行物质、能量和信息的交换，从外界吸收负熵流，抑制系统内部的熵的增长，从而逐步从低级有序走向高级有序，实现系统自身的生存和发展。一般来说，一个系统发展的潜能往往是同它的开放性成正比例的，这就要求认识主体在对待特定的社会系统时，必须认识到其具有的两种基本向度：一是对于自然环境的开放，即与自然环境总是进行着物质、能量和信息的交换；二是对其他社会系统层面的开放，因为一个社会系统如果离开了与其他社会系统的相互作用，其自身也将无法生存和发展。

（5）协同性。系统思维的协同性是指系统要素之间的相互协调能力，表现了系统要素在系统发展运行过程中协调与合作的性质。系统要素各自之间的协调、协作形成拉动效应，推动事物共同前进，整体加强，共同发展。协同导致事物间属性互相增强，向积极方向发展。协同现象在宇宙间一切领域中都普遍存在，没有协同，系统就不能形成有序结构。在社会系统中，若各种要素不能很好协同，甚至互相拆台，这样的系统必然呈现无序状态，系统最终走向瓦解。

领导干部在实践中坚持和运用系统思维。要注重做好以下三个方面：一是要有全局意识、协同意识，要注重改革措施整体效果，聚合各项改革协调推进的正能量。对涉及面广的改革，应在基本确定主要改革举措基础上，深入研究各领域改革的关联性和各项改革举措的耦合性，同时推进配套改革，使各项改革举措在政策取向上相互配合、实施过程中相互促进、实际成效上相得益彰。二是抓工作要注意区分层次、分类指导。既要有顶层设计和总体目标，也要有具体的任务分解，做到"立治有体、施治有序"，避免零敲碎打、碎片化修补。不少领导干部习惯于头疼医头、脚疼医脚，工作缺乏整体筹划，整天打乱仗，不仅个人苦不堪言，而且工作效率低下。三是推进工作，要把握好力度与节奏，应加强不同时期改革的配套和衔接，防止畸轻畸重、单兵突进、顾此失彼。需要中央统一安排的地方不能抢跑，需要尽早推进的不能拖延，需要试点的不能急于在面上推开，需要先得到法律授权的不能超前推进，不能以既成事实绑架中央和法律，避免各行其是、相互掣肘。

二、治国理政是一个系统工程

改革开放以来，中国特色社会主义总体布局日益发展完善，经济建设、政治建设、文化建设、社会建设、生态文明建设、国防和军队建设、党的建设的关系更加密切，改革发展稳定的关联性日益增强，实现民族复兴的总体性要求更加凸显。因此，系统思维、系统方法、系统工程、系统实践成为普遍的趋势，全面性成为治国理政的基本要求。"四个全面"的战略思想是以习近平同志为核心的党中央关于治国理政的具有全局性和前瞻性的战略布局，为完成实现"两个一百年"的奋斗目标指明了方向，是党关于治国理政方略与与时俱进的新创造、马克思主义与中国实践相结合的新飞跃，具有鲜明的时代特征。"四个全面"战略思想不仅是实现中华民族伟大复兴中国梦的新运筹，而且是当代科学思维方法的新运用，具有突出的系统思维特征。"四个全面"战略布局体现了习近平总书记治国理政系统思维的鲜明特点，是统筹内政外交国防、治党治国治军的战略布局，是实现中华民族伟大复兴中国梦的奠基工程，是党的创新理论成果的凝练表述和系统概括，是马克思主义与中国实际相结合的最新成果。从系统科学的视角来看，由"全面建成小康社会、全面深化改革、全面依法治国、全面从严治党"构成的"四个全面"战略布局是一个复杂的大系统。综合考察这四个子系统及其要素之间的相互关系，有利于促进科学决策和推动具体实践，充分发挥系统的整体功能，使发展、改革、法治与党建达到最佳的运行效果。这将拓展研究"四个全面"战略布局的广度和深度，因而具有特别重要的现实价值。

（1）"四个全面"每一个都是独立系统。"四个全面"既注重治国理政的总体谋划，又注重扭住带动全身的"牛鼻子"，每一个"全面"既是一个战略重点，同时又是一个完整体系。认识和把握"四个全面"战略布局，首先要系统把握每一个"全面"的丰富内涵和深刻意蕴。全面建成小康社会是为整个现代化建设目标奠定基础、准备条件，是实现现代化、实现中国梦必过的门槛和战略性的目标。它不仅仅是人均收入多少，吃是什么状况，住是什么状况？它着眼的是中国特色社会主义"五位一体"的总体布局，是经济、政治、文化、社会、生态文明各领域的全面发展，是社会全面发展进步与人民群众的幸福指数提高，是实现国家物质力量和精神力量都增强、以改革创新精神开拓国防和军队建设新局面，为实现中国梦提供坚强力量支撑的全面小康。改革开放是决定实现"两个一百年"奋斗目标、实现中华民族伟大复兴的关键一招。改革步入"关键之年"，面对愈加难啃的硬骨头，唯改革者进，唯创新者强，唯改革创新者胜。全面深化改革就是要深化经济体制、政治体制、文化体制、社会体制、生态文明建设体制、党的建设制度改革，更加注重改革的系统性、整体性、协同性，形成系统完备、科学规范、运行有效的制度体系，保证改革成功。依法治国是深化改革、实现国家治理体系和治理能力现代化的重要保障。全面依法治国就是坚持党的领导、人民当家作主、依法治国的有机统一；建设中国特色社会主义法治体系，实现科学立法、严格执法、公正司法、全民守法；形成完备的法律规范体系、高效的法治实施体系、严密的法治监督体系、有力的法治保障体系、完善的党内法规体系；推进依法治国、依法执政、依法行政，建设社会主义法治国家、法治政府、法治社会。实现"四个全面"，关键是全面从严治党。全面从严治党，就要全面加强党的思想建设、组织建设、作风建设、反腐倡廉建设、制度建设。要落实从严治党责任，思想建党和制度治党同向发力、同时发力；要严肃党内政治生活，提高党内政治生活的政治性、原则性、战斗性；要以严的标准要求干部、以严的措施管理干部、以严的纪律约束干部，使广大干部既廉又勤，既干净又干事；要严明党的纪律，持续深入改进作风。全面从严治党，"全面"是前提，关键是"常、长"。要经常抓、长期抓，把从严治党贯彻到党的一切工作和工作的方方面面之中，使从严治党成为一种常态。

（2）全面建成小康社会："四个全面"战略布局的目标系统。人类社会的实践活动具有明确的目的性。全面建成小康社会这个目标子系统，反映的是经济社会发展过程中，经济、政治、文化、社会、生态文明和人的发展等各项目标间的协同演进和良性循环。工作、教育、收入、社保、医疗、住房、环境等都要更美好——全面建成小康社会在发展的价值取向上、发展的内容丰富上、本身的内部结构上都将呈现鲜明的特征，这些特征集中体现在目标的内容和内部结构的系统性与整体性的统一、全面性与持续性的统一、发展性与阶段性的统一、价值取向的目的性与人民性的统一等方面。全面建成小康社会是"四个全面"战略布局运行系统的起点、基本内容和终点。全面建成小康社会目标子系统的特定地位，决定了它不仅具有导向功能，还在经济社会发展中兼具整合功能、修正功能和激励功能等。在"四个全面"战略布局运行系统的构建过程中，应遵从人民性、求实性、层次性和前瞻性原则，并遵循社会发展的基本规律，立足社会发展的现实基础和社会发展的资源要素来具体构建。全面建成小康社会目标子系统的"全面建成"，就是从系统科学出发，指在整个发展系统中，各种资源、各项发展要素协调统一、有效整合，从而形成各自发展目标的和谐一致、配合得当、良性循环，形成一个有机目标整体，涉及"五位一体"和党建的发展目标。"全面建成"体现在内容上发展的全面性、空间上发展的均衡性、时间上发展的连续性和方法上发展的统筹性等方面。

（3）全面深化改革："四个全面"战略布局的动力系统。全面建成小康社会目标的实现，离不开强大的内驱动力。"四个全面"战略布局运行系统的动力系统就是全面深化改革，也是一个复杂结构。它主要包含改革主体、改革对象、改革手段和改革载体等组成部分，尤其需要处理好整体推进与重点突破的关系、顶层设计与基层创新的关系。全面深化改革，既具有一般发展的基本属性，在其自身的推进过程中又体现出其鲜明的个性，这些个性集中呈现为改革主动性与改革受动性的统一、改革前进性与改革互动性的统一和民主性与集中性的统一。旨在进一步解放思想、解放和发展社会生产力、解放和增强社会活力，具有引领、矫正、激励和凝聚等作用。构建"四个全面"战略布局运行系统的动力子系统，应遵循真实性原则、及时性原则、充分性原则和制度性原则，立足社会发展的现实基础和社会发展的资源要素，以科学改革为价值取向，以实践的需要为出发点，以社会发展趋势为参照。经济社会各领域的全面深化改革，最主要是指体制链和机制链的不断优化，即对现有的体制和机制不断进行调整、修正、补充和完善，使其保持最佳运行状态，以确保经济社会发展的良性运行和既定目标的科学实现。综合起来看，就是要坚持社会主义市场经济改革方向，完善和发展中国特色社会主义制度，推进国家治理体系和治理能力现代化。要更加注重改革的系统性、整体性、协同性，发挥全面深化改革动力子系统的调节关系、优化结构、整合资源、提升质量、释放红利的功能，使"四个全面"战略布局运行系统的实施更具科学性和顺畅性。

(4) 全面依法治国："四个全面"战略布局的保障系统。法治是国家治理行动中的底线环节，也是极其重要的环节。全面依法治国，主要在于聚焦凸显的各类问题，紧抓法治精神的落实，推进法治国家、法治政府、法治社会一体建设，其主要内容包括法治主体、法治目标、制度安排、效果评估等。综观"四个全面"战略布局运行系统法治子系统的内容，集中起来看，它要求实现科学立法、严格执法、公正司法、全民守法，具有科学性、效率性、公平性、制约性、善治性等特征。全面依法治国——建立"四个全面"战略布局运行系统保障子系统的基本功能，是对改革发展中偏离法治轨道的预防和纠正以及制衡与惩罚，是对相关发展主体的发展思路、发展举措和具体行为的制约和监督，是对良法善治的弘扬，并体现为预防作用、矫正作用、惩戒作用、促进作用和反馈作用。全面依法治国——构建"四个全面"战略布局运行系统的保障子系统，应当遵循坚持中国共产党的领导、坚持人民主体地位、坚持法律面前人人平等、坚持依法治国和以德治国相结合、坚持从中国实际出发等原则，还应遵循系统发展的客观要求，体现现实发展的急切需要以及相关机制的固有功能。

（5）全面从严治党："四个全面"战略布局的领导系统。全面从严治党，就是指为实现全面建成小康社会目标，落实全面深化改革、全面依法治国等战略，必须实施从严治党、加强和改善党的领导所涉及的各种要素的集合。这些要素包括主观要素和客观要素，即从严治党理论和方法、党建环境及党建内容——全面提升党的思想建设、组织建设、作风建设、反腐倡廉建设和制度建设的科学化水平。全面从严治党具有鲜明的时代特征，这些特征集中体现在指导性、创造性、择优性和过程性之中。在"四个全面"战略布局运行系统中，全面从严治党的领导子系统的作用集中体现在它的保证作用、提升作用和激励作用。构建"四个全面"战略布局运行系统的领导子系统要坚持战略性原则、民主性原则、科学性原则和层次性原则，还需要切实理解和把握好人民群众的殷切期盼、党建的现实环境、党员干部素质等实际情况。全面从严治党是这样一种有效的治理系统，它所治理的对象是整个党建运行过程，目的是加强和改进党的治国理政能力，提升党的建设科学化、法治化水平，及时发现并纠正党建过程中出现的问题和误区。构建"四个全面"战略布局运行系统的领导子系统要坚持宏观组织（中国共产党党组织）和微观个体（中国共产党党员）的建设相一致原则、制度化建设和作风建设相结合原则、外在约束和内在自律相协调原则，永葆党的先进性和纯洁性。

三、加强顶层设计和整体谋划

"顶层设计"这一概念源自系统工程学，原本指运用系统论的方法，从系统全局和高端出发，对工程的各个层次、要素进行总体构想和战略设计。后来人们把这一理念引入社会科学领域，意在强调规划设计要突出整体战略和理性思维。在改革中强调"顶层设计"，要求我们在改革中具备战略思维和全局视野，通过统筹考虑完善改革的整体思路、重点任务、关键领域和先后顺序等，从而全面系统、积极稳妥地推进改革。加强改革的顶层设计，实际就是对未来中国改革的整体谋划，也是从人民的最高利益出发，站在国家的层面，对制约我国未来改革发展的全局性、关键性问题进行顶层判断，提出解决的整体思路和框架，以此作为规范各类具体改革的标杆，作为制定具体改革政策的依据，从而最大限度地化解改革的阻力，降低改革的风险，确保改革的顺利推进。

改革开放以来，我们不断推动中国特色社会主义建设，在经济领域取得了举世瞩目的成就。但中国的改革在总体上表现出浅层次、碎片化和非均衡性的特点。一是由于没有先例可循，中国的改革始终遵循先农村后城市、先试点后推广、先容易后艰巨的路径。在较为表层的、容易的改革领域与环节取得初步成效之后，涉及体制机制等深层次改革，以及政府掌握过多资源而抑制市场作用、权力与资本相结合形成固化既得利益等"瓶颈"，对进一步的改革形成了巨大挑战。二是由于试验性的探索，中国的改革在某种程度上演化成了"今天一个政策、明天一个规定，上面一个发现、下面一个创新"，改革变成了某些领导者个人推动、某些部门单独热衷的事情。结果，"碎片化"的改革，带来了"改革利益部门化、部门利益个人化、个人利益合法化"的现象。三是由于改革着力于在经济体制领域实现单兵突破，并期望带动以及给其他改革提供经验。但也因此使社会改革、政治体制改革明显放缓，或者说落后于时代的发展。改革开放给我们整个社会带来了巨大效益，但同时也将效益固化并形成阻碍改革的既得利益，诱发和暴露了各种矛盾与冲突。经济结构和发展方式问题、贫富差距拉大和社会冲突问题、公信力下降和腐败问题等，开始在社会生活中凸显出来。经济体制改革形成和诱发的问题，不能仅仅依靠深化经济改革来解决，所有这些挑战内在地要求进行整体的、综合的"顶层设计"，从经济社会发展的全局高度规划改革、推动改革。唯有如此，才能破除陈旧观念的束缚，才能作出符合人民群众利益的改革举措，使改革的目标更明确："完善和发展中国特色社会主义制度，推进国家治理体系和治理能力现代化"。全面深化改革提出这样的"两句话"总目标，"前一句"是全面深化改革必须坚持的根本方向。习近平总书记铿锵有力地说，站立在960万平方公里的广袤土地上，吸吮着中华民族漫长奋斗积累的文化养分，拥有13亿中国人民聚合的磅礴之力，我们走自己的路，具有无比广阔的舞台，具有无比深厚的历史底蕴，具有无比强大的前进动力。中国特色社会主义，这条路能走得通、走得远。全面深化改革，就是要把这条路走得更踏实、走得更好。每一个中国人都应该有这样的制度自信。"后一句"是全面深化改革的时代命题和鲜明指向。社会制度是现代化变革的关键性因素，只有把现代化的内涵提升到治理现代化的高度，将制度的完善与发展熔铸为改革的总目标，现代化才能平稳持续地向前推进。我们在国家治理体系和治理能力方面还有许多"短板"，必须适应国家现代化总进程，实现党、国家、社会各项事务治理制度化、规范化、程序化，不断提高运用中国特色社会主义制度有效治理国家的能力。

（1）顶层设计要坚持正确的方向。全面深化改革必须以促进社会公平正义、增进人民福祉为出发点和落脚点，让人民群众有更多获得感。只有抓住不断变动的真实民意，带给人们更多的获得感，才能使改革始终与人民心声相应，在时代浪潮中不迷航。获得感是一种呼应感，是为人民服务的具体体现。"人民有所呼，改革有所应"。老百姓关心什么、期盼什么，改革就要抓住什么、推进什么。要善于从社会关注的焦点、日常生活的难点中寻找改革的切入点。利益平衡点就是改革的重要突破口。坚持眼睛向下，脚步向下，改革的思路、决策、措施才能接地气、有人气，才能更好满足群众诉求。获得感是一种参与感，是人民主人翁地位的体现。全面深化改革不能把群众当"看客"，而应引导群众共同为改革想招、一起为改革发力。人民群众永远是改革的"主角"。将群众的感受和认可作为试金石，能够试出改革是否对准了焦距、击中了要害；能够更加精准地衡量出改革措施是否立得住、站得稳、持续释放正能量。获得感更是一种受益感，是一切为了群众的实现。现在的改革很可能是利益增进和利益调整并存。我们要算好改革的利益账，通盘评估改革实施前、实施中、实施后的利益变化，始终把群众利益放在第一位，统筹各方面各层次利益关系，善于算大账、总账、长远账，使改革的成果惠及大多数人。这就意味着用底线的刻度标注改革的温度；意味着不仅要吃饱穿暖，更要活出高质量、精气神，实现"五位一体"的全面改善；意味着"做大蛋糕"又"分好蛋糕"，创造更加公平的社会环境，让改革给人民群众送上看得见的好处，带去热腾腾的希望。

（2）顶层设计要遵循基本的原则。一要坚持以人为本。改革顶层设计的重要意蕴就是强调改革要有价值高度，形成明确的战略目标和有效的动力机制。为此，必须深入贯彻落实科学发展观。科学发展观的核心是坚持以人为本，强调发展为了人民、发展依靠人民、发展成果由人民共享。在新的历史条件下进行改革的顶层设计，必须坚持以人为本，尊重人民群众的真实意愿，维护人民群众的根本利益，不断满足人民群众日益增长的物质文化需要。尤其是要使出台的政策能够有效化解人民内部的利益摩擦，兼顾不同群体的利益诉求，形成改革的最大公约数，确保改革公平公正，最广泛地凝聚深化改革的力量。二要遵循客观规律。规律是指事物之间内在的必然联系，它是客观的、不以人的意志为转移的，但人们能够通过实践认识它、运用它。搞好改革顶层设计，需要尊重客观规律、把握客观规律、科学运用客观规律。具体到实践中，就是深刻认识当前我国发展新阶段的新特点，通过遵循客观规律，最大限度减少顶层设计的随意性、盲目性，使顶层设计经得起实践、历史、人民的检验。三要尊重实践和人民的首创精神。进行改革顶层设计不能闭门造车，而应尊重实践和人民的首创精神。人民是历史的创造者，人民的智慧是无穷的、力量是无限的。人民对国家富强、民族复兴、生活幸福的美好憧憬和不懈追求，是改革不断深化的力量源泉。改革开放以来的伟大实践充分证明，唯有尊重实践、尊重人民的首创精神，鼓励大胆探索、勇于创新，才能始终保持锐意改革的朝气，不断增强深化改革的动力。因此，在改革顶层设计中必须尊重实践，坚持问政于民、问需于民、问计于民。

（3）顶层设计要采取科学的方法。改革开放是前无古人的崭新事业，必须坚持正确的方法论，在不断实践探索中推进。一是既要顶层设计，又要基层探索，实现"上"与"下"的良性互动。顶层设计如同"导航仪""牵引机"，能突破"只见树木，不见森林"的视野障碍，引导改革超越既有利益格局，沿着科学路径前行。二是既要统筹推进，又要重点突破，注重改革的系统性、整体性、协同性。改革越深入，各领域各环节改革的关联性互动性越强，每项改革都会对其他改革产生重要影响，又都需要其他改革予以支撑。只有坚持统筹集成、整体推进，才能让各项改革举措在政策取向上相互配合、在实施过程中相互促进、在改革成效上相得益彰。三是既要在法治下推进改革，又要在改革中完善法治，寻求改革与法治的最佳结合。改革重在突破，法治重在规范。全面深化改革，要勇于"破"，即冲破思想观念的束缚，破除体制机制的障碍，但"破"不是无边界、无底线，要沿着法治的轨道前行。"破"的最终目的还是要"立"，即形成一套更完备、更稳定、更高效的法律和制度。只有立法主动适应改革发展需要，才能更好发挥法治对改革的保障推动作用。四是既要快马加鞭推改革方案，又要持之以恒抓改革落实，坚持"取势"与"取实"的高度统一。

第七讲

底线思维与战略定力

自习近平总书记于 2013 年年初强调"要善于运用'底线思维'的方法"以来,他在多个场合谈及外交、党建、经济、生态等问题时,均强调了底线思维的重要性。提升并善用底线思维能力,不仅关涉领导干部个人的素养品行,还能够在实际工作中提升我们筑牢红线、谋势善成的水平,成为治国理政的重要方法论武器,帮助我们协调推进全面深化改革,稳中求进,取得更好更快的发展。

一、要善于运用"底线思维"

底线思维作为治国理政的重要方法论,体现了马克思主义的实践智慧和方法论价值。在推进中国特色社会主义事业迈向新胜利的进程中,底线思维对于我们科学研判形势、合理制定规划、增强战略定力都具有重要意义。

(一)底线思维的内涵

所谓底线,又被称作红线、下线、最后的界线等。在实践中,底线就表现为最不可逾越的警戒线或是最起码应该达到的最低期望,一旦突破底线,其后果将是实践主体难以承受或不愿看到的。底线思维,既是一种科学的思维方式,更是一种战略艺术,是能够帮助我们更好地研判客观形势、积极主动作为的实践利器。习近平总书记对底线思维作出精辟论述,强调"要善于运用'底线思维'的方法,凡事从坏处准备,努力争取最好的结果,这样才能有备无患、遇事不慌,牢牢把握主动权。"① 他还强调:"在肯定成绩的同时,我们要保持清醒头脑,深刻认识和高度重视经济运行中的突出问题和矛盾,深刻认识和全面把握国际经济形势,坚持底线思维,切实做好工作。"② 这些重要论断不仅辨析了底线思维的核心要义,也对我们运用底线思维提出了基本要求。

(二)底线思维的哲学基础③

底线思维体现着深刻的哲学智慧和丰富的辩证法思想。因此,要善于运用底线思维,就需要将辩证法与底线思维结合起来看待问题、分析问题、解决问题。

首先,底线思维体现了辩证法矛盾的观点。每一项事物及其发展过程,都包含着矛盾的对立统一,既有积极的因素,也有消极的因素;既有有利因素,也有不利因素。底线思维强调凡事从坏处准

---

① 中共中央宣传部:《习近平总书记系列重要讲话读本》,学习出版社、人民出版社 2014 年版,第 180 页。

② 习近平:《在中共中央就经济工作听取党外人士意见和建议的座谈会上的讲话》,2013 年 7 月 25 日。

③ 除本节涉及的哲学内涵外,底线思维也还体现着充分发挥主观能动性等丰富的哲学观点,本章还将结合其他内容在下文中展开阐述。

备，就是告诫我们要善于运用矛盾的观点来分析研判客观环境，不仅要看到积极因素、有利因素，同样要关注消极因素、不利因素。在追求"好"的结果的同时需要有"坏"的打算，在我们肯定成绩的同时更要看到存在的问题。否则不仅容易陷入安于现状、夜郎自大、不思进取的精神状态，更可能导致犯下不可挽回的错误。习近平总书记非常善于运用两分法、两点论来全面看待事物蕴含的对立统一。他在浙江工作时就曾指出："既要看到有利的一面、又要看到不利的一面。形势有利时，善于看到潜伏着的不利因素，做好应对不利因素的准备；形势不利时，善于把握蕴藏着的转机，坚定扭转不利局面的信心。"①

其次，底线思维体现了辩证法量变质变的原理。事物发展是量变和质变的统一，是连续性和阶段性的统一。在一定时期内，事物的本质或本质的某一方面体现出连续性的特点，其运动过程集中表现在量变上。但当量变积累到一定程度，就会促成事物本质的改变，由此，事物的发展也就迈入了不同阶段。量变到质变，并不一定意味着事物的进步发展，它同样可能是倒退。如果沿着发展的方向，把量变向质变转变的临界点看作是"最好的结果"，那么沿着倒退的方向，就应该把量变向质变转化的临界点看作是不可碰触的底线。在此，底线之所以不可逾越的道理也就一目了然了。比如，习近平总书记在谈到马克思主义的时候，说："作为共产党人，任何时候都不能丢老祖宗，如果丢了就丢掉了根本。"② 在谈到中国

---

① 习近平：《干在实处　走在前列》，中共中央党校出版社 2006 年版，第 44 页。

② 习近平：《在中央党校 2008 年春季开学典礼上的讲话》，2008 年 3 月 1 日。

特色社会主义的时候，他同样强调："中国特色社会主义是社会主义而不是其他什么主义，科学社会主义基本原则不能丢，丢了就不是社会主义。"① 这就是说，马克思主义是共产党人的底线，无论何时都不能背离；科学社会主义是我们的道路底线，任何时刻都应铭记。一旦突破这些底线，共产党人就质变了，社会主义道路也就名存实亡了。

再次，底线思维体现了辩证法联系的观点。事物是由不同要素按照一定结构组成的有机整体，并不存在绝对静止、机械、孤立、形而上学的单个要素。在涉及深化改革、治国理政的重大问题上，虽然有时它们以某个领域乃至某个具体的问题呈现于我们面前，但其背后却总是牵扯着和其他事物千丝万缕、错综复杂的联系，往往是牵一发而动全身。因此，我们理应看到，当我们的事业发展顺利，态势欣欣向荣之时，这背后一定并存着各种需要我们进一步解决的问题，而这些问题许多都是我们必须加以警戒且不能触碰的底线。忽视这些问题，就丢掉了底线思维，就可能走向发展的反面，好的局面也可能变坏。例如，党的十八大报告一方面充分肯定了改革取得的成绩；另一方面也深刻认识到存在的问题与我们党肩负的艰巨的历史使命，并做好了迎接许多具有新的历史特点的伟大斗争的准备。这些观点都体现了在底线思维中来把握事物联系的科学态度。再如，习近平总书记在谈到稳定问题时强调："我们要用联系的观点抓稳定，正确认识影响社会稳定的新情况、新特点，善于全面分析相互交织在一起的各种政治、经济、文化的因素，妥善把握

---

① 习近平：《习近平谈治国理政》，外文出版社 2014 年版，第 22 页。

工作展开的重点、步骤、时机与力度。"① 显然，如果忽视上述这些要素之间的相互作用，就有可能丢掉稳定这一底线。

二、从坏处准备，努力争取最好的结果

正所谓"凡事预则立，不预则废"。将底线思维落到实践之中，就需要我们在工作上多研判、多筹谋，从坏处准备，同时努力争取最好的结果。

（一）底线思维的优良传统和时代意义

善于运用底线思维，从坏处准备，努力争取最好的结果，科学处理"好""坏"的辩证关系，是中国共产党人历来用于处理解决各种问题的思想韬略。

在革命战争年代，毛泽东就十分看重底线思维，强调："前途是光明的，道路是曲折的。我们面前困难还多，不可忽视。"② 即便道路看似一片坦途，他也不忘底线，能够切实做到争取最好结果的同时从坏处准备。在党的七大的总结中，面临抗战即将胜利的大好形势，他却泼了一盆"冷水"，提出了可能面对的"十七条困难"，并据此提出应对之策，做到心中有底，遇事不慌。他强调："要在最坏的可能性上建立我们的政策。"还告诫大家"不要重犯胜利时骄傲的错误"。在新中国成立后，在毛泽东看来，仍然需要坚持从坏处准备，努力争取最好的结果的思维方法和工作方法，他

---

① 习近平：《之江新语》，浙江人民出版社 2007 年版，第 46 页。
② 《毛泽东选集》第四卷，人民出版社 1991 年版，第 1162 页。

曾在1957年1月27日召开的省、直辖市、自治区党委书记会议上说:"现在我们得了天下,还是要从最坏的可能来设想"①。

邓小平同样看重底线思维的工作方法。他在面对改革开放以后国家所处的复杂局面时指出:"我们要把工作的基点放在出现较大的风险上,准备好对策。这样,即使出现了大的风险,天也不会塌下来。"② 而他关于"稳定""基本路线""两极分化""社会主义"等问题的论述也都集中体现了他对底线思维的自觉运用。在谈到稳定时,他说:"稳定压倒一切,人民民主专政不能丢。"③ 在谈到基本路线时,他说:"基本路线要管一百年,动摇不得。"④ 在言及两极分化时,他讲:"如果导致两极分化,改革就算失败了。"⑤ 谈到社会主义道路时,他更是强调:"老祖宗不能丢啊!"⑥ 邓小平在各个领域对底线思维进行了更广泛的应用,进一步突出了底线思维的重要性。

底线思维是中国共产党在革命、建设和改革时期始终坚持的重要思想方法,它既是一种思维方式,也是一种工作方法,更是一种战略艺术。江泽民、胡锦涛继承了毛泽东、邓小平的底线思维传统,并在中国特色社会主义的新实践中不断丰富发展。习近平总书记则在接受历史传统的滋养下,开拓前行,为底线思维注入了新的时代内涵,提升了底线思维的境界水平。当前,中国正在从大国向

---

① 参见曹普:《毛泽东在中共七大上列举的"十七条困难"》,《学习时报》2016年6月6日。

② 《邓小平文选》第三卷,人民出版社1993年版,第267页。

③ 《邓小平文选》第三卷,人民出版社1993年版,第364页。

④ 《邓小平文选》第三卷,人民出版社1993年版,第370页。

⑤ 《邓小平文选》第三卷,人民出版社1993年版,第138页。

⑥ 《邓小平文选》第三卷,人民出版社1993年版,第369页。

强国迈进，国家事业的各个方面都需要转型升级并面临着更为严峻的挑战。在这样的背景下，底线思维的重要性越发凸显。习近平总书记强调："中国是一个大国，决不能在根本性问题上出现颠覆性错误，一旦出现就无法挽回、无法弥补。我们的立场是胆子要大、步子要稳，既要大胆探索、勇于开拓，也要稳妥审慎、三思而后行。"① 中国的发展不仅体量庞大，更是进入改革攻坚期，矛盾也呈现出多发性、复杂性的特点，与此同时，还需要应对好各种国际风险和挑战。在目前形势下，一旦触碰底线，所带来的后果往往是党、国家和人民都难以承担的。面对这些挑战，作为领导核心的共产党人，也就更应加强底线思维，强化党性修养，提升治理能力，方可承担起历史所赋予的使命责任。因此，习近平总书记特别强调："要深刻认识党面临的执政考验、改革开放考验、市场经济考验、外部环境考验的长期性和复杂性，深刻认识党面临的精神懈怠危险、能力不足危险、脱离群众危险、消极腐败危险的尖锐性和严峻性，深刻认识增强自我净化、自我完善、自我革新、自我提高能力的重要性和紧迫性，坚持底线思维，做到居安思危。"②

（二）充分调动主观能动性是用好底线思维的内在要求

从坏处准备，努力争取最好的结果，是底线思维的实践内容，它内在地要求我们要以积极能动的主体性来看待和运用底线思维。

首先，底线思维蕴含着发挥主观能动性的观点。马克思主义认为，动物只能受到规律的支配，而人不同，在规律面前不是无能为

---

① 习近平：《习近平谈治国理政》，外文出版社 2014 年版，第 348 页。
② 习近平：《在中共中央政治局第十六次集体学习时的讲话》，2014 年 6 月 30 日。

力的，不仅能够认识规律，更能够利用规律改造客观世界。底线思维是建立在对主观能动性的正确理解之上的。底线思维从不否认底线的客观性和风险的存在，但这并不意味着，人们只能选择悲观失望、无能为力、束手就擒，恰恰相反，认识底线的目的，在于有效规避"坏"的一面的同时，努力争取"好"的一面。即便在发展的过程中，遇到了一时的挫折，也因为事先有预见、早有准备，能够做到既将损失减到最小，又保持信心和定力，咬定远景目标不放松。只有科学地看待底线和底线思维，处理好"好"与"坏"之间的辩证关系，"遇事不慌、有备无患"才是真正可能的。这也就是为什么习近平总书记每每提及底线思维，都会强调"牢牢把握主动权"，这在本质上体现了充分发挥主观能动性是底线思维的内在要求。

然而，也有少部分人只知其一、不知其二，只看到了"坏处"，却看不到"努力"。这就陷入了机械、片面的思维误区。如此一来，为了求稳而不知求进，一想到底线，就担心生出什么麻烦事来。殊不知底线不是目的，目的是在坚守底线的前提下，实现更好的发展。而没有风险的进步也是不存在的。把底线思维简单地等同于回避矛盾甚至当作是懒政、惰政、不作为的借口，实乃"谬以千里"。这是领导干部在思想上需要加以警惕的，也是在实际工作中必须避免的。

其次，底线思维蕴含着积极防御的战略方法。强调从坏处准备，充分考虑"坏"的一面，体现出底线思维的后顾性特征。但这种后顾性思维与前瞻性是联系在一起的。倘若只讲后顾，而不论前瞻，就会陷入胆小怕事、唯唯诺诺、萎靡不振甚至无所事事的精神状态。这与我们提升治国理政水平的方法论的初衷显然南辕北辙。从坏处准备虽然是防御性的思维和方法，但并不能因此就否定其积极意义。否则，便将"坏"与"好"机械割裂开来了。客观而言，底线思维的防御，是典型的积极防御。

毛泽东便对积极防御有非常深刻的认识，并做了非常生动的描述，他说："积极防御，又叫攻势防御，又叫决战防御。消极防御，又叫专守防御，又叫单纯防御。消极防御实际上是假防御，只有积极防御才是真防御，才是为了反攻和进攻的防御。"[1] 他还指出："如果我们不准备不设想到这样的困难，那困难一来就不能对付，而有了这种准备就好办事"。[2] 习近平总书记对底线思维的论述，也是要告诉我们，运用底线思维就是要弄清楚什么是底线，底线在哪里，超越底线的危害何在，如何有效地规避底线，从而科学研判形势，把握事物发展趋势，采取积极主动的策略来采取各方面的应对，做到"眼光敏锐，见微知著，'为之于未有，治之于未乱'，防患于未然，化解于无形"，避免"出了问题后，或手足无措，或麻木不仁"。[3]

最后，用好底线思维除了对后顾性的积极防御要有所把握之外，更需懂得如何在坚守底线的前提下，前瞻性地、积极主动地争取最好的结果。

第一，坚守底线思维，确保实现最低的战略目标。底线一方面意味着警戒红线，一旦突破将带来无法承担的风险和后果；另一方面它也同样代表着必须实现的最基本的战略目标，一旦无法实现，其结果同样不可接受。因此，争取"好"的结果，首先需要牢牢

---

[1] 《毛泽东选集》第一卷，人民出版社 1991 年版，第 198 页。
[2] 《毛泽东文集》第三卷，人民出版社 1996 年版，第 388 页。
[3] 习近平：《之江新语》，浙江人民出版社 2007 年版，第 27 页。

划定底线，明白哪些利益是核心利益，是坚决不能丧失的；哪些权益是基本权益，是坚决不能受到侵犯的；哪些目标是基本目标，是必须实现的。这是往"好"的方向努力应该实现的最低期望。不论是面对风云变幻的国际形势，还是面对错综复杂的改革局面，对于自身的核心利益、基本权益、基本目标，都要做到了然于胸。需协调一切力量，调动一切能动因素来坚守自身的核心利益，维护自身的基本权益，实现发展的基本目标。对于这一点，习近平总书记有深刻的认识，在谈到国际问题时，他说："我们要坚持走和平发展道路，但决不能放弃我们的正当权益，决不能牺牲国家核心利益。任何外国不要指望我们会拿自己的核心利益做交易，不要指望我们会吞下损害我国主权、安全、发展利益的苦果。"① 在言及改革局面时，他则在多个场合，多次强调我们发展的基本要求，"踏踏实实把党的基本理论、基本路线、基本纲领、基本经验、基本要求贯彻落实好。"② 这些利益、目标都是我们必须牢牢坚守捍卫的，明白了这一点，在各方面的博弈中，我们便可更为主动地采取多种策略加以应对。比如，在国际利益博弈中，鲜明地表明我们对维护核心利益的态度、决心、能力，从而规避可能的风险。再比如，在改革发展中，就某些领域的发展明确提出基本的要求和目标等等。

第二，活用底线思维，在底线之上做最大努力。底线思维要求对事物发展中"坏"的一面有充分的理解、把握和准备，做到了这一点，也就在"好"的一面为主观能动性的发挥赢得了战略空

---

① 习近平：《在中共中央政治局第三次集体学习时的讲话》，2013 年 1月 28 日。

② 习近平：《在纪念邓小平同志诞辰 110 周年座谈会上的讲话》，《人民日报》2014 年 8 月 21 日。

间。底线之上的广阔范围，都是我们能够充分发挥主观能动性的战略空间，可以为最好结果作出最大的努力。在现实实践中，于底线之上，我们或能求得最优解，但也可能会有次优解，还可能结果不甚满意但也不至于不可接受。所以，一方面，我们应以最优解为目标，并脚踏实地地作出最大努力。如古人所云："取法乎上得其中，取法乎中得其下"。没有高远目标，想建立丰功伟绩通常是不可能的。在科学分析形势、充分尊重规律的前提下，树立远大目标，以最好的结果为努力方向，是我们应该提倡的，而共产党人也历来善于把远大目标付诸实践。诚如习近平总书记所言："我们党坚持以马克思主义为指导，善于把远大目标、奋斗纲领同脚踏实地、埋头苦干紧密结合起来。"[①] 习近平总书记还鼓励优秀青年"要勇敢肩负起时代赋予的重任，志存高远，脚踏实地，努力在实现中华民族伟大复兴的中国梦的生动实践中放飞青春梦想。"[②] 但另一方面，也还应该认识到事物发展的曲折性，一帆风顺通常只是一种美好的愿望，事物更多地是以波浪式的形态向前发展。这就要求我们对可能出现的多种情况同样做到心中有数，并能给出进一步行动的多种方案。

第三，善用底线思维，引导矛盾向有利于我方的态势转变。底线思维要求我们看到，事物发展既有"好"的一面，也有"坏"的一面；既有积极因素，也有消极因素；既有有利因素，也有不利因素。由此才能做到防患于未然。而要最大限度地发挥底线思维的能动效应，则应结合矛盾的相互转化原理来看待"好"与"坏"

---

① 《习近平总书记系列讲话精神学习问答》，中共中央党校出版社 2013 年版，第 194 页。

② 习近平：《习近平谈治国理政》，外文出版社 2014 年版，第 50 页。

之间的辩证关系。"从坏处准备",一方面意味着要防止不利局面的发生并事先做好心理预防和策略上的应对;另一方面则意味着我们可以积极主动地引导不利因素向有利因素转变,在"坏"的一面中也看到"好"的可能,努力推动"坏"的一面向"好"的一面转化。习近平总书记对于困难、危机等问题的辩证认识,就蕴藏着这样的观点,他说:"面对困难,有两种态度,一种是只看到挑战的一面,看不到机遇,被困难吓倒,止步不前;另一种是既看到挑战,更看到机遇,勇敢地迎接挑战,化压力为动力,克难攻坚,奋勇向前。在困难面前,各级领导干部不应该消极畏难,无所作为,更不能怨天尤人,而应该坚定信心,千方百计克服困难。要视困难为考验,把挑战当机遇,变被动为主动。困难是一道坎,是一道分水岭。就像鲤鱼跳龙门,跳过去就是一片新天地,进入一种新境界。"① 他还进一步指出:"形势不利的时候,要善于发现蕴藏着的转机,坚定扭转不利局面的信心,化挑战为机遇,化不利因素为有利因素。"② 在深化改革的进程中,我们理应有这样的智慧,积极能动地看待底线,努力推动"突出的问题和矛盾"向"好"的方面、"成绩"方面不断转换。

三、增强忧患意识和风险意识

在处理具体工作与治国理政方面,底线思维还集中表现为两种意识,即忧患意识和风险意识,这是各级党员同志与领导干部理应

---

① 习近平:《之江新语》,浙江人民出版社 2007 年版,第 58 页。

② 习近平:《干在实处　走在前列》,中共中央党校出版社 2006 年版,第 27 页。

充分重视并着重培养的。

（一）增强忧患意识

没有忧患意识，谈不上责任、担当，也难有底线思维。忧患意识是"中国传统文化与伦理道德所倡导的一种高度自觉的主体意识，一种时刻自我警惕、自我提升、以天下为忧的精神，一种深厚的社会责任感和历史使命感。"① 它通常指向一种紧迫感、危机感并强调由此努力做到居安思危、防患未然、奋发前行。在这种紧迫感、危机感的背后，则是来自于对个人、民族、国家的前途命运的深切关注。

忧患意识是中国传统文化中优秀价值观念的重要体现。数千年来，忧患意识一直为世人所看重，并将其作为有志之士理应具备的思想品格。正是在这样的文化背景下，底线思维一经提出便获得了社会、学界的广泛认同，并引发了强烈的精神共鸣。中国共产党人继承了"常怀忧患之心"的优良传统，并通过底线思维，将其凝练提升为一种更具实践效力的执政方法和行动哲学。

增强忧患意识首先要认识到忧患意识是一种责任担当。"先天下之忧而忧""天下兴亡、匹夫有责"等历史名言依旧绕梁回响，其中所体现的责任意识和担当精神始终是中华民族先进分子的精神航标。中国共产党人运用底线思维亦将这一份责任和担当内化于心，并转化为现实感性的实践力量。当我们以主体责任的思维方式确立起治国理政的基本底线之后，我们在做各项战略决策、统筹规划之时，就可以切实地做到有据可循，并能够在此基础上更好地担

---

① 徐复观：《中国人性论史》，华东师范大学出版社 2005 年版，第 34 页。

当其历史和人民赋予的使命和责任。习近平总书记厚重地总结道："我的执政理念，概括起来说就是：为人民服务，担当起该担当的责任"①。在习近平总书记系列重要讲话中，关于"担当""责任""使命"的论述更是不胜枚举，这集中体现出当代共产党人视忧患为己任、视复兴为责任的高尚情怀。他还语重心长地说："我们必须进一步强化忧患意识，戒骄戒躁，如临深渊，如履薄冰，毫不懈怠，只争朝夕，以勇攀高峰的闯劲、敢夺冠军的拼劲、争创一流的干劲，再创新的业绩和辉煌，奋力跑好这一段历史接力赛，真正无愧于组织的信任和人民的重托。"② 乐于忧患，守于底线，方有担当。也只有心中常忧患、底线常明鉴，才能够做到不仅敢于担当，更能够善于担当。

增强忧患意识的关键是要做到居安思危。习近平总书记将"忧患意识"形容为"居安思危的忧患意识"，他在论述"忧患意识"时总和"居安思危"相联系。他强调，我们要"增强忧患意识，居安思危，未雨绸缪"。要切实将忧患意识落到实处，就应对居安思危的思维习惯和工作方法具有深刻的认同并自觉将其贯彻到具体的工作中去。我们理应看到，成绩的取得总会伴随着问题，如果在成绩面前沾沾自喜，对于潜伏的问题、潜在的矛盾无动于衷，那就成了骄兵。"骄兵必败，骄和躁历来是革命工作的大敌。特别是发展顺利时，极易滋长骄傲自满的情绪，也是容易出错时。"③因此，在事物发展顺利之时也要时刻警醒、常思底线、如履薄冰，主动去发掘成功背后潜在的不利因素。一些社会问题，今天或许还

---

① 习近平：《习近平谈治国理政》，外文出版社2014年版，第101页。
② 习近平：《之江新语》，浙江人民出版社2007年版，第39页。
③ 习近平：《之江新语》，浙江人民出版社2007年版，第39页。

不成气候；一些社会矛盾，现在或许还很不起眼，但你长期不解决它，甚至忽视它，负能量就会不断积累，以至于在内外契机的作用下犯下不可挽回乃至"颠覆性的错误"。"千里之堤，溃于蚁穴，事物发展总是从量变到质变的。"有不少领导干部，就是在成绩的面前，没有筑牢思想防线，忽视了底线思维，以至于酿成不可挽回的错误。一个领导干部如此，国家治理同样如此。此外，我们更应该以积极、自觉、主动的态度来"居安思危"中的实践哲学。正所谓"防微杜渐"，最好的治"患"之道，就是将其消灭在萌芽状态，或是引导其向有利于事物发展的方向转化。这就要求我们在全面建成小康社会、全面深化改革、全面依法治国、全面从严治党的进程中，要始终秉承谦虚谨慎的态度，根据国内外的形势，准确把握事物的发展状态，及早划定不可逾越的底线，切实做到防患于未然。

（二）增强风险意识

要强化底线思维、用好底线思维，除忧患意识外，还必须增强风险意识。对于哪些是底线、哪些是风险、风险的源头又在哪里、如何消灭潜在风险、如何在规避风险的同时争取最好的结果等问题，都应明了于心。

习近平总书记非常重视风险意识，他在展望"十三五"时期的发展时，对可能存在的风险作出了精辟论述，他指出："今后五年，可能是我国发展面临的各方面风险不断积累甚至集中显露的时期。"具体而言，"我们面临的重大风险，既包括国内的经济、政治、意识形态、社会风险以及来自自然界的风险，也包括国际经济、政治、军事风险等。"而"如果发生重大风险又扛不住，国家安全就可能面临重大威胁，全面建成小康社会进程就可能被迫中断。"这就触及了我们无法承受的底线，这样，就要求我们，"必须把防风险摆在突出位置，'图之于未萌，虑之于未有'，力争不出现重大风险或在出现重大风险时扛得住、过得去。"习近平总书记还进一步指出了管控风险的要诀：一是增强责任感和自觉性；二是加强对各种风险源的调查研判；三是通过"五个不让"，力争把风险化在源头，"不让小风险演化为大风险，不让个别风险演化为综合风险，不让局部风险演化为区域性或系统性风险，不让经济风险演化为社会政治风险，不让国际风险演化为国内风险。"①

风险意识和底线思维紧密相连，底线就是我们最不能接受的风险，也是风险源集中汇聚且容易滋生蔓延的地方。因此，各级领导干部在展开工作的时候，理应对经济、政治、文化、社会、生态、党建各个方面的底线有清晰而明确的认识，并以此作为思考问题、分析问题、解决问题的根本依据。

在经济方面，习近平总书记强调坚持两个毫不动摇，坚持和完善公有制为主体，多种所有制形式共同发展的基本经济制度，必须毫不动摇地巩固和发展公有制经济，必须毫不动摇地鼓励、支持和引导非公有制经济发展。"② 在政治方面，他强调不走改旗易帜的邪路，不走封闭僵化的老路，"中国是一个大国，不能出现颠覆性错误。在文化方面，习近平总书记强调："导向不能改，阵地不能丢。"③

---

① 习近平：《在党的十八届五中全会第二次全体会议上的讲话》，2015年10月29日。

② 习近平：《关于〈中共中央关于全面深化改革若干重大问题的决定〉的说明》，《人民日报》2013年11月16日。

③ 习近平：《坚持以人民为中心的创作导向，创作更多无愧于时代的优秀作品》，《人民日报》2014年10月16日。

在社会方面，他把保障和民生看作重点，强调："全体共产党员特别是党的领导干部，要坚定理想信念，始终把人民放在心中最高位置。"① 在生态方面，他强调："不能越雷池一步"，"要牢固树立生态红线的观念。"② 在党建方面，习近平总书记强调："把权力关进制度的笼子里"③，对腐败"零容忍"。

结合上述治国理政各方面的底线和可能存在的风险源，各级领导干部在自己负责的工作中要增强责任感和自觉性，强化底线思维和风险意识，把职责范围内的风险承担好、防控好，既不能推卸责任，更不能人为地增加风险。还应该加强对各种风险源的调查研判，提高动态监测、实时预警能力，推进风险防控工作科学化、精细化，对各种可能的风险及其原因都要心中有数、对症下药、综合施策，出手及时有力。

总之，底线思维是习近平总书记治国理政的重要思想方法和工作方法，是在全面深化改革的过程中不断发展、完善起来的，是对马克思主义哲学方法论的深化和创新。具备底线思维并善于运用底线思维，党和国家的事业就有了定海神针，也就锤炼了岿然不动的战略定力。民族复兴的伟大事业也就有了坚不可摧的发展基点。

---

① 习近平：《习近平谈治国理政》，外文出版社 2014 年版，第 42 页。
② 习近平：《习近平谈治国理政》，外文出版社 2014 年版，第 209 页。
③ 习近平：《习近平谈治国理政》，外文出版社 2014 年版，第 385 页。

第八讲

实践思维与问题导向

　　习近平总书记在中共中央政治局第二十次集体学习时指出："要学习掌握认识和实践辩证关系的原理，坚持实践第一的观点，不断推进实践基础上的理论创新。"① 坚持实践第一，注重求真务实、真抓实干、严谨求实的实践思维，是马克思主义理论的根本特征，是习近平总书记治国理政新理念新思想新战略中所展现出的宝贵思维品格。"哲学家们只是用不同的方式解释世界，而问题在于改变世界。"② 人类改变世界的现实活动即是实践本身，人类的实践活动是能动的有意识的活动，具有自为性，自为性的实现依赖于理性的思维活动，这就必然要求我们必须要思考为什么实践、进行什么样的实践、怎么实践等一系列现实问题。因此，实践思维即是基于现实问题出发，认识问题、分析问题、解决问题的反思活动。习近平总书记治国理政新理念新思想新战略中实践思维方法论的展开也正是以问题导向为逻辑起点的。

---

　　① 中共中央宣传部：《习近平总书记系列重要讲话读本（2016 年版）》，学习出版社、人民出版社 2016 年版，第 281 页。

　　② 《马克思恩格斯文集》第 1 卷，人民出版社 2009 年版，第 506 页。

一、树立问题意识

习近平总书记多次强调："要有强烈的问题意识，以重大问题为导向，抓住关键问题进一步研究思考，着力推动解决我国发展面临的一系列突出矛盾和问题。"① 强调增强问题意识、坚持问题导向，就是要把认识和化解矛盾作为打开工作局面的突破口。问题是工作的导向，更是改革的突破口。

（一）问题是时代的声音

问题来源于实践，是时代的声音。马克思在《集权问题》一文中曾提出："问题就是公开的、无畏的、左右一切个人的时代声音。问题就是时代的口号，是它表现自己精神状态的最实际的呼声。"② 每一个时代都有属于它自己的问题，只要科学地认识、准确地把握、正确地解决这些问题，就能够把我们的社会不断推向前进。

习近平总书记明确指出："我国已步入全面深化改革的攻坚期深水区，诸多领域面临着新情况、新问题、新挑战。改革是由问题倒逼而产生，又在不断解决问题中而深化。"③ 近些年形成的治国理政新理念新思想新战略也正是对于实现中华民族伟大复兴中国梦道路上的一系列难点、热点、痛点问题的正面回应。面对"雄关

---

① 《"四个全面"学习读本》，人民出版社 2015 年版，第 134 页。
② 《马克思恩格斯全集》第 40 卷，人民出版社 1982 年版，第 289 页。
③ 习近平：《问题就是时代的口号》，转引自《浙江日报》"之江新语"专栏，2006 年 11 月 24 日。

漫道真如铁"的难点问题，不是退缩，而是逢山开路，遇水搭桥；面对热点问题，不是因循守旧，而是与时俱进，锐意进取；面对痛点问题，不是讳疾忌医，而是"壮士断腕"，敢于改革。

把握时代的声音，就要善于发现问题。问题即是事物的矛盾，矛盾的发展是永无止境的，问题的凸显也是永无止境的。这就要求我们要一切从实际出发，不断发现阻碍深化改革的关键障碍。发现问题，就是定好盘子，找到突破口，"不审天下之势，难应天下之物"。当前阶段，难点、热点、痛点交织，问题有真有假，有虚有实，因此，必须要牢牢抓住真问题、实问题。真问题、实问题必然是和老百姓息息相关的问题，习近平总书记强调："老百姓关心什么、期盼什么，改革就要抓住什么、推进什么。"能否善于发现实质问题，关键就在于心里是否装着人民群众。

问题有大有小，有偏有全，必须要抓住全局性、关键性问题。在加强党的作风建设的重要论述中，习近平总书记强调："制度问题更带有根本性、全局性、稳定性、长期性。"① 在世情、国情、党情发生深刻变化的新形势下，我们党面临着"四大考验""四种危险"，挑战前所未有，能否抓好作风建设事关党的形象、事关人心向背、事关民族伟大复兴。抓好作风建设，关键性问题便是加强制度的保障，构建完善的体制机制，形成约束和监督的常态化有效化。在谈到全面深化改革的总目标时，习近平总书记指出，全面深化改革的总目标，就是不断完善和发展中国特色社会主义制度。如何建设社会主义仍是在实践中还需不断探索的问题。从苏联东欧社会主义模式的分崩离析，到新中国成立后我们遭遇的重重问题，从

---

① 习近平：《习近平谈治国理政》，外文出版社 2014 年版，第 391 页。

对什么是社会主义、怎样建设社会主义、建设一个什么样的党、怎样建设党、实现什么样的发展、怎样发展等一系列问题的探索，到全面深化改革阶段，制定"两个一百年"奋斗目标，我们无一不是抓住了核心问题，推动了中国特色社会主义发展不断走向深入。

（二）思想是对时代问题的回应

时代是思想之母，实践是理论之源，真正的思想必然是对时代问题的回应，是敢于直面问题的担当。回应时代问题关键在于能否把握问题实质，关键在于是否敢于直面问题。习近平总书记多次指出，面对新的时代特点和实践要求，马克思主义也面临着进一步中国化、时代化、大众化的问题。在革命时期，面临着民族独立和人民解放这一历史性课题，关键在于解决革命的主体、动力、对象、道路等一系列问题，基于此我们形成了毛泽东思想；改革开放以来，面临着什么是社会主义、怎样建设社会主义、建设一个什么样的党、怎样建设党、实现什么样的发展、怎样发展等一系列重大现实问题，我们形成了邓小平理论、"三个代表"重要思想以及科学发展观等一系列重大战略思想。全面深化改革阶段，面临着实现中华民族伟大复兴中国梦这一历史性课题，以习近平同志为核心的党中央作出了一系列新的论述，开辟了马克思主义当代发展新境界，从"五位一体"总体布局到"四个全面"战略布局，从"一带一路"到"精准扶贫"，无一不是对新形势下时代焦点问题的回应。

面对时代问题的挑战，必须要有直面问题的魄力。所谓"今人有过，不喜人规，如讳疾而忌医，宁灭其身而无悟也"。发现问题了，要勇于回应，对问题遮遮掩掩，放任自流，很有可能会养痈成患、适得其反。对党员干部个人来讲，勇于直面问题，就是要敢于照镜子、敢于勤照镜子，照镜子的实质就是修身正己、明规定向。但有的党员干部却不愿照镜子、不敢照镜子，或只照别人，不照自己，"现实生活中，有的同志总是自我感觉良好，懒得照镜子；有的同志明知自己有问题，怕照镜子；有的同志只愿看到自己光鲜的一面，习惯于化妆后才照镜子；还有的同志喜欢拿着镜子照别人，认为自己美得不得了，人家都是丑八怪。"① 古人讲"吾日三省吾身"，广大党员干部不仅要敢于照镜子、正衣冠，更要勤于照镜子、正衣冠，要自觉主动，形成习惯。"祸患常积于忽微，而智勇多困于所溺"，知错就改，防微杜渐，党性才能不断加强，理想信念才能更加坚定。

对于建设中国特色社会主义这一伟大事业来说，敢于直面问题，就要认识到全面深化改革的重要性紧迫性，就要动真格、见成效。改革开放 30 多年来，我国取得了一系列举世瞩目的成就，向全世界展示了中国特色、中国风格、中国气派。但我们必须也要认识到当代中国正处于爬坡过坎的紧要关口，进入发展关键期、改革攻坚期、矛盾凸显期，许多问题相互交织、叠加呈现。我们面临的发展机遇前所未有，面对的挑战更是前所未有，只有正视深化改革的复杂性、紧迫性，敢于正视和回应时代问题，我们才能破解发展樊篱，在实现中华民族伟大复兴的道路上更进一步。

（三）实践是解决问题的根本途径

实践是认识的来源，是检验认识真理性的唯一标准，是解决问

---

① 习近平：《习近平谈治国理政》，外文出版社 2014 年版，第 375 页。

题的重要法宝。问题找到了，要积极有为地解决，问题的解决不能靠空对空，必须要植根现实，要接地气，而解决问题的根本途径便是实践，只有在实践中才能找到解决问题的方法。

习近平总书记指出："我们中国共产党人干革命、搞建设、抓改革，从来都是为了解决中国的现实问题。"[①] 遇到问题就要积极有为地解决，注重以问题为导向的实践精神是我们党一贯坚持的优良传统，在当前改革实践中积极有为地解决问题既是党员干部的勇敢担当，更是人民群众的殷切期盼。空谈误国，实干兴邦，在全面深化改革的关键阶段，有些党员干部却不愿干、不能干、不敢干，表现为动力不够、能力不足、担当不起，当官既不愿为、也不能为、更不敢为，"在其位不谋其政"。比如，有些领导干部自身不够"硬"，打不了铁，更"啃"不了"硬骨头"，遇到问题就退缩不前；有些领导干部爱搞面子工程、形象工程，觉得会议召开了，文件下达了，问题就解决了。不搞调查，不做研究，只会纸上谈兵，夸夸其谈；有些领导干部只求稳定，不求发展，不求无功，但求无过，对棘手的问题、敏感的问题、得罪人的问题视而不见，选择性失明。不能积极有为地解决问题，只能使矛盾不断加深固化，创新性发展更是无从谈起。习近平总书记明确指出，领导干部要"敢于和善于分析回答现实生活中和群众思想上迫切需要解决的问题，不断深化改革开放，不断有所发现、有所创造、有所前进，不断推进理论创新、实践创新、制度创新。"[②]

---

① 习近平：《习近平谈治国理政》，外文出版社 2014 年版，第 74 页。
② 习近平：《习近平谈治国理政》，外文出版社 2014 年版，第 21 页。

二、用科学的方法分析和研究问题

科学的方法必然是立足实践去分析和研究问题，从而达到对客观世界的有效变革与能动性改造的思维方法，是剖析问题的有效思维武器。运用科学的方法分析问题、研究问题，就能事半功倍。科学的方法分析和研究问题就是要把马克思主义辩证法、一系列范畴运用到分析问题和研究问题过程中去。

（一）具体问题具体分析

认识来源于人类的现实实践活动，人们对于客观事物的认识也正是在实践过程中不断发展的。问题是事物矛盾的表现形式，辩证唯物主义认为，矛盾是客观存在的，无处不在，无时不有，这就要求我们在分析和认识现实问题时必须要坚持一切从实际出发，具体问题具体分析，从现实实践活动中把握问题的实质。比如，近些年发生的一些群体性事件，其性质也不尽相同，有的属于农民、工人、市民等主体的维权事件，问题的实质是普通民众基于利益的诉求，这类事件基本都属于人民内部矛盾，应该多用民主的方式解决；有的则属于社会骚乱事件和有组织犯罪，破坏和谐稳定，危害公共利益，这类事件大多属于敌我矛盾，应该多用专政的方式解决。我们要推进国家治理体系和治理能力现代化，必须要用科学的方法分析和解决突发问题，既要把握共性更要把握每个问题的特殊性，要做到"一把钥匙开一把锁"，切忌一刀切，有的党员干部以为掌握了某种方法，就拿到了"万能钥匙"，不分主流支流，分不清主次轻重，方式简单粗暴，这样不仅容易激化矛盾，更会伤害到群众感情。

（二）透过现象看本质

我们在实践中认识事物，总是先认识到事物的种种现象，然后通过反复实践才逐渐认识到事物较为深刻的本质和更加深刻的本质，这种认识事物的路径便是把握问题实质的科学方法和途径。事物本质的展现是一个复杂曲折的过程，在不同的阶段、不同的环境会有着不同的表现形式，因为本质是事物本身固有的根本属性，是内在的、稳定的；现象则是事物本质属性的表现形式，是外在的、多变的。两者互为表里，相互依存。要深入认识问题，把握问题的实质，必须要在实践基础上透过纷繁复杂的表象把握问题的本质，实现从感性认识到理性认识的飞跃。现象与本质的矛盾性决定了我们认识问题的过程必然是复杂而曲折的，事物是不断发展变化的，事物本质的把握也不是一蹴而就的，我们探索改革规律的过程也必然要认识到规律获得的曲折性和反复性，通过不断地实践探索去接近事物的真实性，"摸着石头过河，是富有中国特色、符合中国国情的改革方法。摸着石头过河就是摸规律。实行改革开放，发展社会主义市场经济，我们的老祖宗没有讲过，其他社会主义国家也没有干过，只能通过实践、认识、再实践、再认识的反复过程，从实践中获得真知。"① 看问题不能雾里看花、水中望月，不能浅尝辄止，盲人摸象，稀里糊涂。比如，从"中国崩溃论"到"中国威胁论"，一直以来西方唱衰中国的论调不绝于耳，一些人就迷失在这些嘈杂的唱衰声中，无法正确把握中国的基本面，对个人发展失去了动力，对社会和谐失去了信心，对民族复兴失去了希望。透过

---

① 中共中央文献研究室：《习近平关于全面深化改革论述摘编》，中央文献出版社 2014 年版，第 34 页。

现象看本质就是要去粗取精、去伪存真、由此及彼、由表及里，这样才能拨开迷雾，擦亮眼睛看世界，才能把握问题的实质，摸清事物的规律。

（三）全面论和重点论的统一

马克思主义认为，重点和全面是辩证统一的，全面是有重点的全面，重点是全面中的重点。在认识实际问题时，只有坚持重点论和全面论的统一，才能做到既兼顾全面，又善于抓住重点。在当前的治国理政实践中，问题的呈现总是五花八门、纷繁复杂，新旧问题交织，大小问题交汇，不懂辩证法，就会陷入问题的"迷宫"中，走不出去。强调坚持"全面论"，就是要一分为二看问题，比如，分析国内外形势，既要看到国际国内形势中有利的一面，也要看到不利的一面。强调坚持"重点论"，就是要抓主要矛盾，抓关键问题，比如，要推进全面深化改革，必须要解决好一系列体制机制问题。坚持两点论与重点论的统一，在深化改革的关键阶段，就是要做到整体协调与重点突破相统一，在发展社会主义道路层面，既要坚持以经济建设为中心，也要建构"五位一体"总体布局；在生态文明建设层面，既要金山银山，更要绿水青山；在深化经济体制改革层面，既要重视市场在资源配置中的决定性作用，又要更好地发挥政府作用。

三、提高解决问题的能力

能否抓住改革机遇，破解改革难题，关键在于提升改革主体解决问题的能力，"不论是新问题还是老问题，不论是长期存在的老问题还是改变了表现形式的老问题，要认识好、解决好，唯一的途径就是增强我们自己的本领。"① "打铁还需自身硬"，当代中国共产党人要攻坚克难，不仅要敢于打铁，更要能打铁，这就要求我们在治国理政的现实实践中必须领会解决问题的要领，提升驾驭问题、解决问题的能力。

（一）要把马克思主义哲学作为看家本领

习近平总书记指出，运用辩证唯物主义和历史唯物主义世界观和方法论，既部署"过河"的任务，又指导如何解决"桥"和"船"的问题，贯穿了科学的思想方法和工作方法，为我们认识问题、分析问题、解决问题提供了有效的方法和"钥匙"。掌握科学的思想方法和工作方法是解决"过河"问题的关键一招，就是"桥"和"船"，党员干部们要克服"本领恐慌"，补好精神之"钙"，必须要有自己的看家本领，这个本领就是马克思主义哲学。

马克思主义哲学是丰富的智慧宝库，是我们认识问题、分析问题、解决问题的"钥匙"，是我党在革命、建设、改革时期破解困局实现创新发展的强大思想武器，一直以来，共产党人都倡导和坚持用马克思主义哲学来武装全党，指导革命和发展实践。习近平总书记曾多次强调，"打铁还需自身硬"，领导干部要懂点辩证法，会些方法论，"马克思主义哲学深刻揭示了客观世界特别是人类社会发展一般规律，在当今时代依然有着强大生命力，依然是指导共产党人前进的强大思想武器。"②

---

① 习近平：《习近平谈治国理政》，外文出版社 2014 年版，第 401 页。
② 中共中央宣传部：《习近平总书记系列重要讲话读本》，学习出版社、人民出版社 2014 年版，第 174 页。

马克思主义哲学包含辩证唯物主义和历史唯物主义两大部分，是共产党人把握社会主义建设规律、共产党执政规律、人类社会发展规律的科学方法。辩证唯物主义是唯物论与辩证法的辩证统一，是科学的世界观和方法论，由唯物论、辩证法、认识论三大部分组成，掌握了辩证的唯物论，就要坚持一切从实际出发，具体问题具体分析，这是我们把握当前阶段世情、国情、党情的看家本领；掌握唯物的辩证法，就要坚持用联系发展的眼光去看待问题，用矛盾分析方法去剖析问题解决问题；掌握辩证唯物主义认识论，就要坚持认识与实践的辩证统一，在实践中发现问题、认识问题、检验解决问题的方法。历史唯物主义是辩证唯物主义和历史观的辩证统一，揭示了人类历史的发展规律，是认识和改造社会的一般方法论。掌握历史唯物主义，就要坚持运用社会基本矛盾分析方法探索社会主义建设规律，就要坚持物质资料生产活动是社会生活的基础的观点，准确把握全面深化改革的重大关系，就要坚持人民群众是历史创造者的观点，紧紧依靠人民群众推进改革深化。

（二）注重调查研究

认识正不正确，方法对不对路，只有实践能够检验。所谓实践出真知，要从根本上解决问题，就要把调查研究作为一项基本功，深入基层，深入实践，深入群众。中国共产党一直有注重调查研究的优良传统，毛泽东在《讲堂录》中写道："闭门求学，其学无用，欲从天下国家万事万物而学之，则汗漫九垓，遍游四宇尚已。"要想真正了解社会，就要多走走，多看看，要眼睛向下，迈开双脚，要接地气。邓小平也一再指出："能不能深入下去，工作能不能落实，关键在于领导干部是不是以身作则，深入部队，调查研究，从实际出发，分析问题，解决问题。"① 习近平总书记也反复提到："调查研究的过程，是领导干部提高认识能力、判断能力和工作能力的过程，调查研究是谋事之基、成事之道。"②

要谋其事，成其事，就要不断提升调查研究的能力，通过积极探索新时期调查研究工作的特点和规律，注重提高调查研究对象的广泛性、内容的针对性、方法的科学性、成果的有效性，不断提升调查研究工作的质量和水平。近几年来，为实现全面建成小康社会这一宏伟目标，以习近平同志为核心的党中央本着求真务实、真抓实干的精神，倡导看真贫、扶真贫、真扶贫的观念，走遍全国多处贫困地区，红色老区和民族地区，边疆地区和偏远地区，真正做到了体民情、询民意、解民忧，切实了解到老百姓的困难，老百姓的希望，推动精准扶贫落到实处。

（三）提升科学思维水平

科学思维是我们解决当前突出问题的有效武器。面对纷繁复杂的国际形势和国内问题，只有运用科学思维方法提升科学思维水平才能不断提升解决问题的能力，才能不断破解改革"谜题"。

提升战略思维能力。战略思维能力是统筹全局、运筹帷幄对事物发展的趋势和方向总体把握的能力。战略问题是一个政党、一个国家根本性的问题。"不谋全局者，不足谋一域"，战略思维的提高，是我们准确把握当前国内外形势的重要手段，通过把握世情、国情、党情，才能提升工作的科学性、预见性、前瞻性，才能对深

① 《邓小平文选》第二卷，人民出版社1994年版，第124页。
② 习近平：《谈谈调查研究》，《习近平同志在中央党校2011年秋季学期第二批进修班开学典礼上的讲话》，2011年11月16日。

化改革作出全局性的谋划。

提升系统思维能力。系统思维能力是从客观事物的内在联系把握事物，去认识问题、处理问题的能力。提升系统思维能力，关键是要提高统筹兼顾能力，就是要善于运用唯物辩证法认识和处理问题，善于从千头万绪、纷繁复杂的事物中抓住主要矛盾和矛盾的主要方面，既统揽全局、统筹规划，又在重点突破中推动工作协调发展。提升统筹兼顾的能力，必须要处理好当前与长远的关系、局部与全局的关系、个别工作与全面工作的关系。这样才能在治国理政实践中把握大势，立足长远，实现整体协调、全面推进。

提升历史思维能力。历史思维能力是知古鉴今、古为今用，善于用历史的眼光认识发展规律、把握发展方向指导现实实践的能力。古人云："以铜为镜，可以正衣冠；以史为镜，可以知兴替。"历史是最好的老师，是过去的实践，历史的经验我们要借鉴，历史的教训我们要吸取。提升历史思维能力，就要求我们坚持马克思主义历史观，本着去粗取精、去伪存真的方法，慎思之，明辨之，站在历史规律性的高度去吸取和借鉴世界文明尤其是中华文明中宝贵的历史经验和教训，提升治国理政的智慧和学养，这样才能不断深化我们对人类社会发展规律、社会主义建设规律和共产党执政规律的认识。

提升辩证思维能力。辩证思维能力，就是承认矛盾、分析矛盾、解决矛盾，善于抓住关键、找准重点、洞察事物发展规律的能力。提升辩证思维能力就要求我们在具体的工作中要全面辩证地分析问题、解决问题，避免片面、静止、孤立地分析问题、解决问题，要学会"十指弹琴"，一分为二看问题。

提升创新思维能力。创新思维能力是要善于把握事物发展的客观规律，根据事物发展的必然趋势来推动思维创新、方法创新、实践创新和制度创新的能力。创新是事物通过不断自我否定实现自我突破的不竭动力。历史和现实都告诉我们，只有创新型的国家才能实现繁荣富强，只有创新型的民族才能兴旺发达，只有创新型的政党才能永葆先进性。提升创新思维能力，必须要勇于突破传统，打破常规。"苟日新，日日新，又日新"，因循守旧、故步自封的结果必然是落后挨打，面对当前经济发展新常态，我们在观念上要适应，认识上要到位，不断去适应新常态，引领新常态，突破改革瓶颈，实现创新发展。

提升底线思维能力。底线思维能力是客观地设定最低目标，立足最低点，争取最大期望值的能力。提升底线思维能力，首先要求我们要树立忧患意识。习近平总书记多次强调："要善于运用'底线思维'的方法，凡事从坏处准备，努力争取最好的结果，这样才能有备无患、遇事不慌，牢牢把握主动权。"① 提升底线思维能力，关键在于保持"乱云飞渡仍从容"的战略定力。保持战略定力就是要学会谨慎从容、谋定后动，在当前纷繁复杂的形势下，就是要做到稳中求进，既要稳妥谨慎保持治国理政的稳定性，避免任何颠覆性的错误，又要大胆从容、审时度势抓住机遇实现创新发展。

空谈误国，实干兴邦。"真抓才能攻坚克难，实干才能梦想成真"，注重实干是新一届领导集体鲜明的执政风格和治国理念。习近平总书记在谈到"中国梦"时指出："实现中华民族伟大复兴是

---

① 中共中央宣传部：《习近平总书记系列重要讲话读本》，学习出版社、人民出版社 2014 年版，第 180 页。

一项光荣而艰巨的事业，需要一代又一代中国人共同为之努力。空谈误国，实干兴邦。"① 从赵括"纸上谈兵"到两晋学士"虚谈废务"，空谈误国一直是历史上治国理政的大忌，翻开中华民族悠久的历史画卷，一个颠扑不破的真理就是：中华民族兴于实干，衰于空谈。实干精神一直是中国共产党的先进本色。从实现民族独立到初步建立国家工业体系，从改革开放后的经济腾飞到全面深化改革的攻坚克难，无不彰显着中国共产党人求真务实、真抓实干的精神。

真抓实干、注重落实必须要发扬钉钉子精神。抓落实就好比在墙上钉钉子：钉不到点上，钉子要打歪；钉到了点上，只钉一两下，钉子会掉下来；钉个三四下，过不久钉子仍然会松动；只有连钉七八下，这颗钉子才能牢固。钉钉子精神就是要有"咬定青山不放松"的坚强韧劲，就是要有"踏石有印、抓铁有痕"的非凡魄力，就是要有"衣带渐宽终不悔"的坚定信念。要钉好钉子关键就是要抓住问题关键点，既要"专"也要"钻"，埋头苦干，步步为营，把工作落到实处，作出经得起实践、人民、历史检验的实绩。对于领导干部来说，发扬钉钉子精神，就是要说实话、办实事、想实招、求实效，不要做"形象工程""政绩工程"，要对自己负责、对党负责、对人民负责。

关键是要通过学习提高解决问题的能力。提高解决问题的能力关键在学，当今时代，世界形势风云突变国内形势矛盾凸显，"硬骨头"越来越多，"险滩"越来越多。学习就是为了修炼内功，以学益智，以学修身，自身"硬"了，才"啃"得下"硬骨头"，才

---

① 习近平：《习近平谈治国理政》，外文出版社 2014 年版，第 36 页。

能"涉深潭""过险滩"。"好学才能上进。中国共产党人依靠学习走到今天，也必然要依靠学习走向未来。我们的干部要上进，我们的党要上进，我们的国家要上进，我们的民族要上进，就必须大兴学习之风，坚持学习、学习、再学习，坚持实践、实践、再实践。"① 我们要把学习作为第一要求，大兴学习之风，落学习之实，注重培养广大党员干部愿学习、会学习、全员学习、终身学习的坚定理念。通过学习才能不断提升自身的本领，学好了本领才能更好地服务人民，才能跨越"中等收入陷阱""刘易斯拐点""塔西佗陷阱"，才能突破艰难险阻实现创新发展。

学习必然是以问题为导向。学习要有方向性、针对性，要坚定问题导向。党的十八大以来，在习近平总书记的倡导下，基于治国理政中的新问题新实践，围绕政治、经济、文化、社会、生态、外交、国防等一系列核心问题，我们不断总结经验，凝练理论，取得了一系列重大理论成果，开启了马克思主义中国化一个又一个新篇章。但在当前改革中，一些问题依然存在，比如有些同志不思进取，故步自封，以为掌握了一些工作方法就一劳永逸了，面对新情况新问题，仍然抱有老观念、老思想去认识去解决，结果不是南辕北辙，就是适得其反；有的同志也学，但方向有问题，抓不住关键点。学习必须要与广大人民群众最关心、最直接、最现实的利益问题结合起来，注重促进社会事业优势均衡发展、提升民生保障水平、完善社会服务管理体系。

学习必然是以运用为目的。"纸上得来终觉浅，绝知此事要躬

① 中共中央宣传部：《习近平总书记系列重要讲话读本》，学习出版社、人民出版社 2014 年版，第 189 页。

行"，学习要知行合一，学以致用。基础在学，关键在用，学习不是为了装点门面，不是摆花架子，而是要指导实践。学习的过程即是理论联系实际、观照现实的过程，不能只会夸夸其谈，陷于"客里空"。有的同志也学习，把学习专业知识丢在一旁，学养生、学小资情调、学营造关系，这是脱离基层、脱离实践、脱离人民的必然表现。脱离了实际工作的学，只会走向本本主义、教条主义，流于"假大空"。学习是工作的核心，工作是学习的深入，一如习近平总书记所说，要在"干中学、学中干，学以致用、用以促学、学用相长"。因此，学习必须要与本职工作结合起来，在全面深化改革的攻坚克难期，要明确发展方向和要求，创新发展理念和思路，破解发展困境和难题。

学习要常态化制度化。要把学习作为一种生活方式、工作方式，做到主动学、自觉学、坚持学。学习要持之以恒，要取得实效，必须靠制度建设来保障，通过用制度管学习、促学习，建立健全各种学习配套保障制度，构建了推动学习的长效机制，将学习由"软要求"转变为"硬约束"，推动学习活动常态化、持久化、规范化，避免走过场，一阵风。比如通过建立和完善党员培训制度，实现对广大党员干部全学员、全方位、全过程的培训。培训应具有针对性，学习活动与工作实际紧密结合，针对工作中的难点痛点问题，通过举办各种形式培训班，分层次对党员干部进行培训，丰富课程内容，创新学习形式，使广大党员干部可以根据自身工作的需要、自身发展的需要选择课程。通过培训学习可以有效提升广大党员的工作效率、工作能力，提升工作单位的凝聚力，通过将学习成果不断转化为生产或工作的价值，更益于提升各级党组织的战斗力和工作绩效。

总之，坚持问题导向，坚持实践第一，注重求真务实、真抓实干、严谨求实的实践思维，是习近平总书记治国理政新理念新思想新战略中所展现出的宝贵思维品格，是当代中国治国理政过程中有效的科学方法论。

第九讲

求实思维与一切从实际出发

当代中国正处于一个深刻的社会转型升级期，处在一个需要自觉运用科学思维来治国理政的新时代。求实思维，就是以习近平同志为核心的党中央反复强调的思维方法。求实思维的核心要义，就是坚持实事求是的思想路线。习近平总书记反复强调：实事求是是马克思主义的精髓，"是我们党的基本思想方法、工作方法、领导方法"①，领导干部要努力做到"谋事要实、创业要实、做人要实"②，在推进改革中注意"处理好解放思想与实事求是的关系"③，要出实策、鼓实劲、办实事，不图虚名，不务虚功，实干才能成就梦想。可以说，实事求是，是习近平总书记治国理政新理念新思想新战略的重要理论品质。

---

① 习近平：《习近平谈治国理政》，外文出版社 2014 年版，第 25 页。
② 中共中央文献研究室：《习近平关于全面从严治党论述摘编》，中央文献出版社 2016 年版，第 158 页。
③ 中共中央文献研究室：《习近平关于全面深化改革论述摘编》，中央文献出版社 2014 年版，第 47 页。

一、坚持实事求是的思想路线

实事求是是我们党的传家宝。树立求实思维，一切从实际出发，是坚持党的实事求是思想路线的必然要求。所谓求实思维，就是在思考和处理所有问题时，秉持一种从实际出发而非从本本、条条或者语录出发的思维模式。党的思想路线是一切从实际出发，理论联系实际，实事求是，在实践中检验真理和发展真理。实事求是，是党的思想路线的核心。因此，党的思想路线又被称为实事求是的思想路线。

"实事求是"一词，最早出现在东汉班固所著《汉书·景十三王传》里，书中对河间献王刘德作出了很高的评价："修学好古，实事求是"。在这里，实事求是是指一种严谨的做学问的态度。刘德做学问不轻易下结论，而是把论点建立在广泛收集材料、阅读大量儒家经典的基础上。唐代学者颜师古进一步把"实事求是"阐释为"务得事实，每求真是也"。清初著名唯物主义哲学家王夫之主张即事穷理、即物穷理，主张应从客观事物中来探索事物的规律与法则，而不可预先设立一个什么法则去限制、裁定变化无穷的客观事物。

我们党的实事求是的思想路线，则是以毛泽东为主要代表的中国共产党人在中国革命的具体实践中，在反对各种主观主义，特别是教条主义的斗争中，在深刻总结中国革命经验教训并对"实事求是"作出全新的马克思主义解释的基础上形成的。

1930年5月，毛泽东撰写《反对本本主义》一文，首次提出"思想路线"这一概念。他说：共产党人要坚持"从斗争中创造新局面的思想路线"①。1935 年 12 月，毛泽东发表《论反对日本帝国主义的策略》的讲话，批判了当时党内存在的"左"的关门主义和冒险主义错误，并深刻揭示其脱离中国实际的思维方法论根源，提出要科学解决党的政治路线问题。1936 年 12 月，毛泽东发表《中国革命战争的战略问题》，强调研究战争要做到知己知彼，要使主观与客观相符合，如果"不了解中国革命战争的特点，就不能指导中国革命战争"②。毛泽东对战争规律问题的论述，已不局限军事斗争的范畴，而上升到了世界观方法论的思想路线的新高度。

上述两篇讲话，分别解决了党的政治路线和军事路线的问题。为了更好地指导中国革命，毛泽东紧密联系中国革命实际，以极大的精力研究哲学，从哲学高度总结中国革命经验，批判主观主义特别是教条主义，提出了关于思想路线的新的哲学见解。1937 年七八月间，毛泽东发表《实践论》和《矛盾论》演讲，强调中国革命必须做到主观与客观、理论与实践、知与行的具体的历史的统一。《实践论》深刻剖析中国革命中"左"、右倾错误认识论思想根源，指出"唯心论和机械唯物论，机会主义和冒险主义，都是以主观和客观相分裂，以认识和实践相脱离为特征的"③。《矛盾论》阐述了矛盾普遍性与特殊性的辩证关系，深刻揭示了"左"、右倾错误的形而上学实质，指出他们不懂得由特殊到一般，又由一般到特殊的认识过程的辩证法，"共性个性、绝对相对的道理，是

---

① 《毛泽东选集》第一卷，人民出版社 1991 年版，第 115 页。
② 《毛泽东选集》第一卷，人民出版社 1991 年版，第 187 页。
③ 《毛泽东选集》第一卷，人民出版社 1991 年版，第 295 页。

关于事物矛盾问题的精髓，不懂得它，就等于抛弃了辩证法。"①《实践论》《矛盾论》对马克思列宁主义必须同中国革命具体实践相结合的必要性，作了深刻的哲学分析，并对否认"结合"的教条主义作了深刻的哲学批判，还对如何实现这种"结合"在方法论上作了系统总结。所有这些工作都为党的实事求是思想路线的确立，奠定了坚实的哲学基础。

《实践论》《矛盾论》的发表，有力地批驳了教条主义的错误，但还不足以铲除教条主义的危害。为更彻底地清算以教条主义为特征的"左"的错误，使全党同志深刻了解这种错误产生的思想理论根源，学会运用马克思主义立场、观点、方法来观察和解决问题，从而实现党在指导思想、政治路线、军事路线、组织路线上的高度统一，1941 年，毛泽东在全党范围内发起了延安整风运动。这场运动是一场普遍的马克思主义教育运动，即反对主观主义以整顿学风，反对宗派主义以整顿党风，反对党八股以整顿文风。在《改造我们的学习》的演讲中，毛泽东深刻阐述了实事求是的丰富内涵，使之上升到马克思主义世界观的新高度。他说："'实事'就是客观存在着的一切事物，'是'就是客观事物的内部联系，即规律性，'求'就是我们去研究。我们要从国内外、省内外、县内外、区内外的实际情况出发，从其中引出其固有的而不是臆造的规律性，即找出周围事变的内部联系，作为我们行动的向导。而要这样做，就须不凭主观想象，不凭一时的热情，不凭死的书本，而凭客观存在的事实，详细地占有材料，在马克思列宁主义一般原理的指导下，从这些材料中引出正确的结论……这种态度，就是党性的

---

① 《毛泽东选集》第一卷，人民出版社 1991 年版，第 320 页。

表现，就是理论和实际统一的马克思列宁主义的作风。"①

毛泽东在上述《改造我们的学习》的著名演讲中，实际上已经阐发了党的实事求是思想路线的最基本观点：一切从实际出发，理论联系实际，实事求是，等等。因此，延安整风不但教育和训练了广大干部，提升了他们的马克思主义理论水平，而且还确立了党的实事求是的思想路线。邓小平后来总结说："马克思、恩格斯创立了辩证唯物主义和历史唯物主义的思想路线，毛泽东同志用中国语言概括为'实事求是'四个大字"②。

党的十二大通过的《中国共产党章程》，恢复了实事求是的思想路线，并对其内涵作出清晰完整的概括："一切从实际出发，理论联系实际，实事求是，在实践中检验真理和发展真理"。这条思想路线既内涵丰富，又逻辑严密："一切从实际出发"，是坚持党的思想路线的前提与基础；"理论联系实际"，是坚持党的思想路线的根本途径和方法；"实事求是"，是坚持党的思想路线的实质与核心；"在实践中检验真理和发展真理"，是坚持党的思想路线的重要法宝。

2012年5月16日，习近平总书记在中央党校2012年春季学期第二批进修班开学典礼上作了《坚持实事求是的思想路线》的专题报告，要求领导干部"在学习和工作中，要注意深刻理解实事求是的科学含义和精神实质，正确掌握实事求是这个马克思主义的精髓和灵魂，始终按实事求是的要求办事"③。

---

① 《毛泽东选集》第三卷，人民出版社1991年版，第800页。
② 《邓小平文选》第二卷，人民出版社1994年版，第278页。
③ 习近平：《坚持实事求是的思想路线》，《学习时报》2012年5月28日。

党的十八大党章延续了十二大党章关于思想路线的提法，指出：要"坚持解放思想，实事求是，与时俱进，求真务实。党的思想路线是一切从实际出发，理论联系实际，实事求是，在实践中检验真理和发展真理。全党必须坚持这条思想路线，积极探索，大胆试验，开拓创新，创造性地开展工作，不断研究新情况，总结新经验，解决新问题，在实践中丰富和发展马克思主义，推进马克思主义中国化。"

习近平总书记指出："我们党是靠实事求是起家和兴旺发展起来的"①。我们党领导中国人民开展革命、建设和改革的全部历史，反复说明了同一个道理，什么时候我们党真正坚持实事求是的思想路线，我们的事业就能取得胜利；什么时候我们党在实际工作中偏离实事求是的思想路线，我们的事业就会出现挫折甚至失败。换言之，"坚持实事求是，就能兴党兴国；违背实事求是，就会误党误国。"②

从我们党内贯彻实事求是思想路线的现状来看，其总体情况是不错的。改革开放以来，我们党坚持实事求是的思想路线，根据变化的实际情况作出了一系列新决策，提出了一系列新观点。各级党组织也结合自身实际，在坚持实事求是思想路线方面创造和积累了一些新鲜经验。但是，现实中也有一些不令人满意的地方。对此，习近平总书记作出了深刻分析，他指出："一些党员和干部在坚持实事求是的思想路线方面还存在一些必须引起注意的问题。比如，有的常年坐在办公室，很少下基层，很少接触群众，对下情若明若暗，接'地气'不够；有的一切从本本出发，唯上、唯书、不唯

① 习近平：《坚持实事求是的思想路线》，《学习时报》2012 年 5 月 28 日。
② 习近平：《坚持实事求是的思想路线》，《学习时报》2012 年 5 月 28 日。

实；有的故步自封、因循守旧，思想和工作落后于客观形势的要求；有的不按客观规律办事，急功近利，急于求成以至蛮干、瞎干；有的为了迎合或满足某种需要，说假话、大话、空话，甚至弄虚造假；有的怕担风险，明哲保身，明知是错的，却听之任之，不批评制止；有的不喜欢听真话、实话，不愿意修正错误、择善而从。凡此种种，都违背了实事求是的要求，虽然不是主流，但如果不重视、不警惕、不纠正，其消极影响和后果不可低估。"①

当前，世情、国情、党情发生了深刻变化。从国际来说，包括文化软实力在内的综合国力的竞争日趋激烈，大国间竞争呈现新的特征，世界上不稳定的因素依然很突出；从国内来说，社会主义初级阶段的基本国情没有变，经济进入新常态，改革进入攻坚阶段；从党内来说，"四风问题"、不严不实的问题、脱离群众的问题依然存在。世情、国情、党情所面临的复杂多变的形势表明，我国总体上已经进入一个具有许多新的历史特点的新阶段。新的矛盾、新的情况不断涌现。这些都对我们坚持党的实事求是思想路线提出了新的更高的要求。而我们党应对具有许多新的历史特点的伟大斗争，带领中国人民全面建成小康社会、完成"两个一百年"的奋斗目标、实现中华民族伟大复兴的中国梦的关键，就在于始终坚持好实事求是的思想路线。

二、坚持实事求是的基本要求

毛泽东在《改造我们的学习》中对"实事求是"所作的精彩

---

① 习近平：《坚持实事求是的思想路线》，《学习时报》2012 年 5 月 28 日。

论述，深刻揭示了实事求是的科学内涵与基本要求。习近平总书记关于实事求是的一系列新论述，为我们在新的历史阶段坚持党的实事求是思想路线进一步指明了方向。

（一）把握"实事"

树立求实思维，坚持实事求是，首要的是要完整准确把握好"实事"。"实事"虽然只有两个字，却是极为复杂的，不易把握的。我们需要学会运用马克思主义哲学所提供的辩证方法，特别是要善于掌握习近平总书记治国理政思想中蕴含的科学方法论，全面准确地把握好当代中国的"实事"。

1. 坚持联系的观点看问题，准确把握"实事"的方方面面

马克思主义哲学告诉我们，事物是普遍联系的。我们观察和处理问题时，要用联系的观点，准确把握"实事"的方方面面。实际事物呈现给我们的是一个复杂的图景。我们只有运用唯物辩证的方法，分清事物的现象与本质、原因和结果、形式和内容、局部和整体、偶然和必然、主流和支流、可能与现实，既全面把握事物所呈现的各种面相，又善于从中把握其中的本质、本源、内容、整体、必然、主流、现实，才能准确把握事物的内在本质、必然趋势和现实可能，从而不断增强我们的战略定力。

把握中国的"实事"，最为重要的就是把握中国的基本国情。习近平总书记指出："我们了解实际、掌握实情，最重要的是要清醒认识和准确把握我国社会主义初级阶段的基本国情。我们现在的基本国情，主要是人口多，底子薄，发展很不平衡……我们想问题、做决策、办事情，都不能忘记、忽视我国社会主义初级阶段的

基本国情和基本特点。"① 如果我们在现实社会实践中偏离了社会主义初级阶段这一中国的最大国情和最大实际，就无法真正做到实事求是。

当今时代，国内国际都发生了深刻的变化，中国社会处于深刻转型升级期。相比以往，中国的情况更为复杂，可谓"乱花渐欲迷人眼"。在这种情况下，坚持求实思维，准确把握国内外大势，保持战略定力，显得尤为重要。习近平总书记指出：在这样复杂环境中，保持理论上的清醒、增强政治上的定力是很紧要的。如何保持战略定力？最为关键的，就是我们在制定政策、处理问题时，一定要自觉树立求实思维，准确把握复杂客观实际，做到冷静观察，谨慎从事，全面掌握"实事"，谋定而后动。

2. 坚持发展的观点看问题，准确把握变化发展的客观"实情"

马克思主义哲学认为，运动是事物的根本属性，整个世界都是不断变化发展的。这就要求我们：在观察处理问题时，必须坚持发展的观点，从不断发展变化的实际出发；在看待和处理新情况新问题时，必须与时俱进，不能简单套用过去行之有效的经验来处理。

在新民主主义革命时期，以毛泽东为代表的中国共产党人从中国实际出发，探索出了一条不同于俄国城市中心论的，适合当时中国国情的，农村包围城市武装夺取政权的革命新道路，取得了革命的胜利。1956 年，社会主义三大改造顺利完成，我国随之进入社会主义建设的新的历史时期，不能简单套用以往搞革命的经验来搞建设。

当前，我国改革发展进入新的攻坚阶段。习近平总书记强调：

---

① 习近平：《坚持实事求是的思想路线》，《学习时报》2012 年 5 月 28 日。

"全党面临的一个重要课题，就是如何正确认识和妥善处理我国发展起来以后不断出现的新情况新问题。"① 这就要求我们，在坚持实事求是时，必须秉持发展的观点，准确把握当代中国发展所面临的新情况新问题。比如，针对我国经济发展中出现的新情况，习近平总书记要求我们，必须准确看待经济新常态，指出："新常态是一个客观状态，是我国经济发展到今天这个阶段必然会出现的一种状态，是一种内在必然性，并没有好坏之分，我们要因势而谋、因势而动、因势而进。"②

（二）善于"求是"

运用求实思维，一切从实际出发，准确把握客观"实情"，是坚持实事求是的前提性要求，但还不是问题的关键。实事求是的关键，在于"求是"，就是要科学把握事物的客观规律。"求是"，是贯彻求实思维、坚持党的思想路线的直接目的。

真理性认识，只有在人们社会实践中获得对事物的规律性认识后，才得以形成。客观规律是事物运动所固有的本质联系和客观趋势，是不以人的意志为转移的。我们必须善于实践、勇于实践，在不断实践中使认识得到检验、丰富、修正和发展，不断接近真理性认识，把握事物的内在规律。贯彻求实思维，坚持党的思想路线，其目的在于努力探寻事物发展的规律，更好地指导工作。唯心主义者从自己的主观想法、愿望出发，无视事物发展的客观规律，必然在实际工作中碰壁。我们过去搞"大跃进""人民公社化运动"，

① 习近平：《习近平谈治国理政》，外文出版社 2014 年版，第 401 页。
② 中共中央宣传部：《习近平总书记系列重要讲话读本（2016 年版）》，学习出版社、人民出版社 2016 年版，第 144 页。

等等，就是与求实思维背道而驰的，而问题的关键，就在于其脱离了中国社会主义建设的客观规律。

就当代中国共产党人来说，所谓"求是"，最根本的就是认识和掌握共产党执政规律、社会主义建设规律和人类发展规律，特别是要努力探寻和把握中国共产党执政的特殊规律、中国社会主义现代化建设的特殊规律、中国人实现全面发展的特殊规律。在这方面，随着改革实践的不断深入，我们获得的规律性认识也越来越多。比如，党的十八届三中全会通过的相关决议，要求发挥市场在资源配置中的决定性作用，就是对市场经济规律的一种深刻把握。

（三）求真务实

掌握"实事"、善于"求是"的最终目的，是要求真务实、抓出实效、干出实绩。求真务实，是我们党的思想路线的重要内容，也是习近平总书记治国理政的鲜明特点。可以说，党的十八大以来，中国特色社会主义建设事业之所以能开新局、树新风，党和国家的各方面工作之所以能取得举世瞩目的成绩，就是与习近平总书记始终贯穿求真务实的精神直接相关的。

习近平总书记对"求真务实"有许多精辟的论述。他反复强调："真抓才能攻坚克难，实干才能梦想成真"[1]，"空谈误国，实干兴邦"[2]，领导干部必须"发扬钉钉子的精神，一张好的蓝图一干到底"[3]，"要有'功成不必在我'的精神"，"不搞劳民伤财的

---

[1] 习近平：《习近平谈治国理政》，外文出版社 2014 年版，第 48 页。
[2] 习近平：《习近平谈治国理政》，外文出版社 2014 年版，第 436 页。
[3] 习近平：《习近平谈治国理政》，外文出版社 2014 年版，第 399 页。

'形象工程''政绩工程'，求真务实，真抓实干，勇于担当，真正做到对历史和人民负责"①，等等。

求真务实，狠抓落实。习近平总书记不仅是这么要求的，他本人也是这么做的。比如，在经济建设方面，习近平总书记要求坚持科学发展、可持续发展，坚持以人民为中心，强调不能再简单以GDP增长率来论英雄，而必须实现有干货、可持续的发展。又比如，在抓脱贫攻坚等社会建设问题上，习近平总书记要求层层抓落实，强调真脱贫，不搞数字脱贫，要实施精准扶贫、精准脱贫。还比如，在党的建设方面，习近平总书记同样强调真抓实干，务求实效。无论是群众路线教育实践活动，还是"三严三实"专题教育以及"两学一做"学习教育，习近平总书记都要求求真务实，坚持问题导向，坚决反对形式主义，强调要"保持力度、保持韧劲，善始善终、善作善成，不断取得作风建设新成效"②。

（四）敢于创新

实事求是，必须尊重事物的客观规律，按规律办事。但是，在人和客观规律关系问题上，人并非无事可干，只能被动接受规律，而是可以运用人的理论、知识、意志与实践来发挥作用，正确认识和科学运用规律，实现创新性发展。这就是人们在把握规律上的主观能动性。马克思指出："蜘蛛的活动与织工的活动相似，蜜蜂建筑蜂房的本领使人间的许多建筑师感到惭愧。但是，最蹩脚的建筑师从一开始就比最灵巧的蜜蜂高明的地方，是他在用蜂蜡建筑蜂房

---

① 习近平：《习近平谈治国理政》，外文出版社2014年版，第399页。
② 习近平：《习近平谈治国理政》，外文出版社2014年版，第381页。

以前，已经在自己的头脑中把它建成了。"① 毛泽东也指出："能动性，我们名之曰'自觉的能动性'，是人之所以区别于物的特点。"② 发挥人的自觉能动性，就是要发挥人的创造性，勇于作出符合变化了的"实情"的创新性理论和创新性实践。习近平总书记指出："坚持实事求是，就要不断推进实践基础上的理论创新。"③

不过，人的自觉能动性、人的创造潜能是否能够正确发挥，归根结底还是要体现在目标、理想、规划是否符合客观实际。因此，我们既要从客观实际情况出发，又要自觉发挥人自身的能动性，准确分析事物发展过程中出现的新矛盾新问题，提出破解这些新矛盾新问题的创新性理论，推动事物创新性发展。

推动社会创新发展，必须要求作为主体的人，不因循守旧，坚持解放思想与实事求是的辩证统一。习近平总书记指出："解放思想与实事求是是辩证统一的，就是要求我们的思想认识符合客观实际，冲破落后的传统观念和主观偏见的束缚，改变因循守旧、不接受新事物的精神状态，与时俱进地把我们的事业和各项工作不断推向前进。只有解放思想，才能真正做到实事求是；只有实事求是，才是真正解放思想"④。

当前，我国改革进入深水区，各种矛盾相互交织。党的十八大以来，以习近平同志为核心的党中央坚持一切从中国实际国情出发，勇于直面中国社会出现的新矛盾新问题，坚持解放思想与实事求是的辩证统一，敢于进行理论和实践创新，提出了"创新协调

---

① 《马克思恩格斯全集》第 23 卷，人民出版社 1972 年版，第 201 页。
② 《毛泽东选集》第二卷，人民出版社 1991 年版，第 477 页。
③ 习近平：《习近平谈治国理政》，外文出版社 2014 年版，第 26 页。
④ 习近平：《坚持实事求是的思想路线》，《学习时报》2012 年 5 月 28 日。

绿色开放共享"的新发展理念、"以人民为中心"思想、"人类命运共同体"思想、"四个全面"战略布局、"五位一体"总体布局、供给侧结构性改革、"一带一路"建设等一系列治国理政新理念新思想新战略，不断深化对共产党执政规律、中国特色社会主义建设规律、人的全面发展规律的认识，中国特色社会主义现代化事业取得了创新性发展。

三、自觉做到实事求是

习近平总书记指出："领导干部对党和人民事业肩负着光荣而重大的领导责任，始终贯彻执行党的实事求是的思想路线，对于推动科学发展、促进社会和谐至关重要。各级领导干部要把实事求是贯彻到领导工作全过程，自觉做坚持实事求是的表率。"[①] 领导干部自觉做到实事求是，必须打牢坚持实事求是的理论基础、思想基础，坚决反对主观主义，注重调查研究。

（一）系统掌握马克思主义的科学世界观方法论

1. 夯实马克思主义理论功底

思想是行动的先导。坚持实事求是，首先必须打牢理论基础。这就要求我们特别是领导干部，一定要把握马克思主义的立场、观点、方法，夯实马克思主义的理论功底。理由很简单，求实思维以及实事求是的哲学依据，就是马克思主义哲学的唯物论观点。如果认识主体没有真正掌握马克思主义的世界观，没有掌握唯物辩证

---

① 习近平：《坚持实事求是的思想路线》，《学习时报》2012 年 5 月 28 日。

法，就无法真正把握复杂的客观实际，就不能深刻把握事物的本质、主流、全局、必然，就会陷入认识的片面性、盲目性、被动性，就无法从实际出发，就不可能做到实事求是，就会在实践中背离求实思维，沦为主观主义。

夯实马克思主义理论功底，必须通过系统的学习。习近平总书记特别强调："领导干部特别是高级干部要把系统掌握马克思主义基本理论作为看家本领，老老实实、原原本本学习马克思列宁主义"①，要"依靠学习走向未来"②。领导干部只有自觉掌握马克思主义基本理论这一看家本领，自觉学习中国特色社会主义理论体系，自觉学习习近平总书记系列重要讲话精神，主动掌握好认识和改造世界的科学思想武器，不断夯实马克思主义理论功底，才能在工作中自觉树立求实思维，做到实事求是，不断增强工作的原则性、系统性、预见性、创造性。

2. 增强马克思主义党性修养

党员干部树立求实思维，坚持实事求是，必须切实增强党性修养。习近平总书记指出："领导干部一定要加强党性修养，坚持一切以人民利益和党的事业为重，这是坚持实事求是的思想基础"③。

实事求是，是马克思主义真理观和价值观的有机统一。领导干部坚持实事求是，探寻事物的规律，归根结底是为了更好地为人民谋福利。因此，坚持实事求是，增强党性修养，很重要的一点，就是要增强群众观念，养成民本情怀，在工作中始终自觉代表人民群众的根本利益，以人民群众的根本利益为重。同时，领导干部也只

---

① 习近平：《习近平谈治国理政》，外文出版社 2014 年版，第 153 页。
② 习近平：《习近平谈治国理政》，外文出版社 2014 年版，第 401 页。
③ 习近平：《坚持实事求是的思想路线》，《学习时报》2012 年 5 月 28 日。

有从群众根本利益出发，树立大局观念，才能避免个人狭隘利益遮蔽人的视野，才能胸怀整体利益，才能坚持实事求是，客观认识事物的本来面貌，准确把握事物的发展规律。

（二）坚决反对主观主义

在日常实际工作中，人们经常会受到一些错误思维的消极影响，妨碍人们获得对客观实际的准确把握，偏离实事求是的要求。自觉做到实事求是，必须自觉反对形形色色的主观主义。

1. 反对"唯上唯书不唯实"

中国有几千年封建专制社会的历史，人治传统深厚，很多人形成了对权力的依附。在封建社会，普通人读书的机会不多，对书本理论十分迷信。这样一来，传统社会中国人就形成了根深蒂固的"唯上唯书不唯实"的陈旧思维方式。

虽然在书本知识、上级指示（政策）中，也有很多符合实际的东西，但随着情况的变化，又会出现很多与新的实际不相吻合的情形。以带有普遍性、相对固化的书本知识与上级指示（政策），来指导千变万化、情况各异的实际情况，往往会事与愿违。

因此，坚持实事求是，必须摒弃"唯上唯书不唯实"的陈旧思维，树立陈云同志所倡导的"不唯上不唯书只唯实"的求实思维。这种思维，要求我们从客观实际出发，根据变化的客观实际来丰富修正书本理论，结合本地实际来创造性地执行上级政策。

在中国新民主主义革命时期，王明之所以犯教条主义错误，就是由于其有不唯实只唯书的错误思维方式在作怪。王明只知道盲目执行共产国际指示、机械照抄俄国革命的具体模式，不知道具体研究中国革命的特殊国情，反而以共产国际代言人自居，嘲笑毛泽东是狭隘经验主义者，给中国革命造成了极其严重的破坏性后果，教训极为深刻。

在新的历史条件下，我们面临许多新矛盾新问题，不能简单地从书本中找答案、从他国找可以照搬的模式，只能在实践中摸索，找出符合中国国情的发展路子来。习近平总书记阐述了"摸着石头过河"与"按规律办事"的辩证关系，指出："摸着石头过河，是富有中国智慧的改革方法，也是符合马克思主义认识论和实践论的方法"，"摸着石头过河也是有规则的，要按照已经认识到的规律来办，在实践中再加深对规律的认识，而不是脚踩西瓜皮，滑到哪里算哪里。"①

2. 反对经验主义

教条主义不注重实际，只注重书本，尤其是书本中的条条框框。经验主义则把经验当教条，习惯于因循守旧，墨守成规，以为有了经验就可以解决所有问题。殊不知，新情况新问题总是不断涌现，老思维、老办法已经过时，变得不再奏效了。如何反对经验主义？这就需要我们不断学习新理论，不断摸索新道路。毛泽东曾经指出："有工作经验的人，要向理论方面学习，要认真读书，然后才可以使经验带上条理性、综合性，上升成为理论，然后才可以不把局部经验误认为即是普遍真理，才可不犯经验主义的错误。"②

在当前全面深化改革、社会全面转型的新的历史条件下，我们更应该解放思想，真抓实干。习近平总书记强调：在推进改革问题

---

① 中共中央文献研究室：《习近平关于全面深化改革论述摘编》，中央文献出版社 2014 年版，第 43 页。

② 《毛泽东选集》第三卷，人民出版社 1991 年版，第 818 页。

上，"我们胆子要大、步子要稳"①，"实干才能梦想成真"②。他所强调的，就是要不受传统思维、传统做法的制约，不断学习新理论，大胆开展实践探索，寻求解决问题的新办法，在解放思想、真抓实干中做到实事求是。

3. 反对官僚主义

树立求实思维，必须反对官僚主义。官僚主义"不仅是主观主义的重要根源，而且是主观主义在实际工作中的集中体现"③。官僚主义者喜欢摆官架子，作风漂浮，只图上级喜欢，不管百姓福祉。由于其作风漂浮，不走群众路线，不深入社会实际，作出的决策往往脱离实际，遭殃的却是社会大众。习近平总书记指出："领导干部一定要求真务实，大力弘扬我们党优良的思想作风和工作作风，讲老实话、办老实事、做老实人，这是坚持实事求是的作风保证"④。

党的十八大以来，以习近平同志为核心的党中央强调全面从严治党，重视干部队伍的作风建设，开展党的群众路线教育实践活动、"三严三实"活动、"两学一做"教育。其根本目的，就是要使党员干部树立求实思维，坚持实事求是，深入实际，深入群众，在为人民服务的实际工作中创造人民满意的工作业绩。

（三）注重调查研究

自觉做到实事求是，必须注重调查研究。领导干部只有深入调

---

① 中共中央文献研究室：《习近平关于全面深化改革论述摘编》，中央文献出版社 2014 年版，第 51 页。

② 习近平：《习近平谈治国理政》，外文出版社 2014 年版，第 44 页。

③ 中共中央理论局：《马克思主义哲学十讲（党员干部读本）》，学习出版社、党建读物出版社 2013 年版，第 26 页。

④ 习近平：《坚持实事求是的思想路线》，《学习时报》2012 年 5 月 28 日。

查研究，广泛搜集材料，并对材料进行深入分析，才能形成对事物的正确认识，自觉做到实事求是。

在中国革命实践过程中，毛泽东十分注重调查研究。1930年，毛泽东提出"没有调查，没有发言权"① 的著名论断。第二年，他又补充说："我们的口号是：一、不做调查没有发言权。二、不做正确的调查同样没有发言权。"② 回顾毛泽东光辉的一生，我们不难发现，调查研究贯穿他的一生。毛泽东调查次数之多、范围之广、内容之系统、作风之深入世所罕见，堪称调查研究的楷模、典范。在调查研究过程中，毛泽东还总结出了很多调查研究的宝贵方法与具体要求。比如，"眼睛向下""有的放矢""亲自出马""解剖麻雀"，等等。毛泽东之所以如此重视调查研究，是因为在他看来，不能仅仅从书本中找到中国革命成功的现成答案，不能幻想从共产国际得到中国革命获胜的灵丹妙药，只能在深入调查研究基础上，在真正掌握中国国情后，才能摸索出中国革命取得胜利的正确道路来。

在新的历史条件下，习近平总书记同样十分重视调查研究工作。他强调：调查研究是谋事之基、成事之道。没有调查，就没有发言权，更没有决策权。习近平总书记要求领导干部要深入调查研究，增强看问题的眼力、谋事情的脑力、察民情的听力、走基层的脚力，对有的党员干部存在的唱功好、做功差，说得多、做得少，重显绩、轻潜绩，重面子、轻里子等问题，习近平总书记提出过严肃的批评，指出抓工作不能老想着作秀，不能总在那里许愿，不能

---

① 《毛泽东选集》第一卷，人民出版社 1991 年版，第 109 页。
② 《毛泽东文集》第一卷，人民出版社 1993 年版，第 267 页。

"只有哗众取宠之心，毫无实事求是之意"。

　　当前，我国社会整体转型升级期，改革进入攻坚阶段，新情况新矛盾新问题不断涌现，更需要领导干部牢固树立求实思维，坚持实事求是，一切从实际出发，扎下身子，调查研究，既吃透上情，又弄清下情，找出解决问题的新办法。

第十讲

开放思维与国际视野

当今的世界正处于全球化进程中，国家间的关系深度"互嵌"，呈现你中有我、我中有你的局面。以习近平同志为核心的党中央深刻把握时代特点，在治国理政的实践中运用灵活的开放思维，以宏大的国际视野，将中国的发展置于世界历史进程中，在实现中华民族伟大复兴的同时，谋求全人类共同利益。

一、开放思维的价值内涵

开放思维是科学思维方法的一种，广义上是指突破一定界线限制、开阔、发散的思考方法，通过多视角、全方位地看待问题和分析问题，将某一事物同周围环境的相互联系，探索事物发展的各种可能性。开放思维是思想解放的有力武器，与封闭、保守、碎片化的形而上学思维方式是根本对立的。狭义上的开放思维与世界视野是相关的，即洞察世界和国际形势的能力。

在治国理政的语境下，开放思维具有空间性和时间性的双重特点。空间性就是将中国置于全世界的总体范围中，把握中国经济建设的环境、条件和发展道路。既把中国的改革开放视为在世界发展格局中的组成部分，又把中国的发展视为带动全球增长、维护世界和平、保持人类社会公正的积极力量，把中华民族的生存和发展与全人类的生存和发展紧密相连。时间性是指开放思维应着眼于现代化进程，用面向现代化的取向去观察事物，把我国社会主义建设事业放到人类文明运动的广阔背景上去认识，总结世界其他国家实现现代化的经验教训，借鉴一切有益于人类文明进步的优秀成果，完善和发展中国特色社会主义制度，推进国家治理体系和治理能力的现代化。

（一）开放思维是对马克思主义的运用和发展

传统社会是农业社会。小农生产具有内向、封闭、自给自足的特点，"日出而作，日落而息"，"鸡犬之声相闻，民至老死不相往来"，就是这种社会形态的生动写照。传统的生产方式形成了封闭保守的思维方式，满足于简单再生产，社会基层缺少进取、冒险的精神，上层统治集团则盲目自大，以天朝上国自居，闭关锁国，脱离了世界主流发展趋势。

马克思深刻地认识到现代化的历程是一部"世界历史"，经济活动的扩展使世界各国已经发生紧密联系和普遍交往。"由于机器和蒸汽的应用，分工的规模已使脱离了本国基地的大工业完全依赖于世界市场、国际交换和国际分工"[①]，资产阶级在追逐利润本能的驱使下，"开拓了世界市场，使一切国家的生产和消费都成为世界性的了"[②]，因此，之前孤立分散的各个国家和区域进入了世界体系。恩格斯也提出："大工业把世界各国人民互相联系起来，把

---

① 《马克思恩格斯选集》第 1 卷，人民出版社 1995 年版，第 166 页。
② 《马克思恩格斯选集》第 1 卷，人民出版社 1995 年版，第 276 页。

所有地方性的小市场联合成为一个世界市场，到处为文明和进步做好了准备，使各文明国家里发生的一切必然影响到其余各国。"开放思维是开放世界的产物。既然世界的交往联系已经是客观发生的真实现象，人们的思维也要相应突破传统定势，对事物的认识就不能只从地方的、民族的内部来考察，而要更多地运用开放进取的思维方式，从世界的、全球的范围来研究。只有运用开放思维和国际视野，才能把握一个国家和民族在世界体系中所处的地位。有了开放，才会有多样化，才会有比较与竞争，才会有优化和选择。

马克思主义认为，世界上任何有生命力的事物，都是在开放中发展自己的。事物的发展主要是其内部矛盾运动引发的，同时，事物的变化发展又是在普遍联系中进行的，它不仅是指每一事物内部诸要素之间的相互依存、相互包含和相互转化的关系，而且还包括这一事物整体与周围其他事物之间的辩证统一关系。考察事物的运动和发展，都不能把其内因和外因割裂起来。科学地运用马克思主义哲学关于联系和发展、普遍与特殊、整体与部分、内因和外因等一系列辩证关系的原理和方法，并与中国现代化建设的具体实际结合，才能形成具有鲜明特色的开放思维方式和开放思想。中国的现代化建设是整个人类物质文明和精神文明发展的一部分。中国的建设进程和速度，一方面是由中国内部诸因素的相互作用决定的；另一方面，中国内部诸因素的相互作用又是以中国所拥有的国际环境为条件的。能不能创造最好的国际条件，能不能充分利用国际上的有利条件，是决定中国现代化建设进程和建设速度的重要因素。

（二）开放思维是我国社会主义现代化建设的必然选择

新中国成立以来，在中国共产党领导下，全面建立起社会主义基本制度，为现代化建设奠定了坚实的物质技术基础。毛泽东在《论十大关系》中就强调把国内外一切积极因素调动起来，为社会主义事业服务。要学习一切民族、一切国家的长处，包括资本主义国家先进的科学技术和科学管理方法，反对不加分析地一概排斥或一概照搬。但是，由于诸多的历史和现实原因，我国在社会主义道路的探索上走了弯路，在政治、经济和思想文化等方面，长期处于比较封闭的状态，关起门来搞建设，结果就是越来越落后。社会活动的封闭性导致思维方式的保守性、封闭性。邓小平说："从一九五七年下半年开始，我们就犯了'左'的错误。总的来说，就是对外封闭。"① 历史经验告诉我们，关起门来搞建设不行，我们的思维只有面向世界，加强同各国的交往活动，在邓小平同志的倡导下，中国从 20 世纪 80 年代初开始真正走上了对外开放的道路，经过 30 余年的艰苦探索，取得了举世瞩目的成就。

习近平总书记系列重要讲话始终贯穿了科学的世界观和方法论，充分认识到开放思维的重要性。党的十八大后，习近平总书记到地方考察的第一站就选择了改革开放的先行地——广东，发出了继续深化改革、扩大开放的明确信号。深刻指出，改革开放是当代中国发展进步的活力之源，是我们党和人民大踏步赶上时代前进步伐的重要法宝，是坚持和发展中国特色社会主义的必由之路，是决定当代中国命运的关键一招，也是决定实现"两个一百年"奋斗目标、实现中华民族伟大复兴的关键一招，要求做到改革不停顿、开放不止步。他还指出，中国开放的大门不会关上，中国是国际发展体系的积极参与者和受益者，也是建设性的贡献者，我们要坚持

---

① 《邓小平文选》第三卷，人民出版社 1993 年版，第 269 页。

对外开放的基本国策不动摇，不封闭、不僵化，打开大门搞建设、办事业。考察习近平总书记治国理政系列讲话，开放思维是"以世界眼光去认识政治形势，树立人类命运共同体意识，实行互利共赢的对外开放战略"三个方面的内在统一。

二、以世界眼光去认识政治形势

习近平总书记早就强调，要"以世界眼光去认识政治形势，把握经济走势，了解文化态势"。"切实把本地、本部门的工作放到国际国内大背景和全党全国全省的工作大局中去思考、去研究、去把握，不断提高领导工作的原则性、系统性、预见性和创造性。"作为执政党要清醒地认识当今世界，把中国的发展任务放到全球背景中去思考、研究和把握。

（一）时代主题：和平发展合作共赢

时代主题是在一定历史时期内国际社会的主要问题和基本态势，是从最高层次对国际社会特征的概括，也是制定国家战略、处理国际问题、选择发展道路的重要依据。中国共产党在 20 世纪 80 年代就认识到和平与发展是当今时代的主题。和平与稳定的国际大环境、大趋势下，发展已经成为世界各国的第一要务。

在和平与发展之外，合作成为时代主题内涵的新要求。经济全球化带来的世界各国、各地区经济相互交织、相互影响和相互融为一体，世界各国都不能游离于世界体系之外，只能走合作的道路。世界开始从基于军事力量和单边行动的国际无政府状态下的国际社会，逐渐转向以经济、发展为主轴，多边合作共治和自主解决问题相结合的全球社会的早期状态。以零和博弈为主要特征的国际政治，逐步让位于以合作共赢为主要特点的全球政治。维护世界和平、遏制强权政治、促进共同发展都离不开各国的合作。和平是发展的基本前提，发展是和平的重要保证，而合作共赢则是和平与发展的必要条件。和平、发展、合作是不可阻挡的世界潮流和趋势。国际社会中虽然存在冲突和矛盾，但合作的可能和愿望大大增加。国家间关系更为复杂，同时各国也普遍认识到如果地缘政治、战略利益冲突、新合作机制等因素处理不好，就可能导致更多的国家间冲突。为了弥合矛盾，国家应按照规则办事，从国际社会的共同利益出发，为了共同的目标而努力。而且，随着国际社会中日益频繁的交往，国家与国家之间、人与人之间的时空距离大大缩小，地球村的特征更加突出。这就意味着国家间交往不可能处于真空状态，没有任何一个国家可以独善其身。

在这个背景下，中国政府敏锐地认识并把握了全球化带来的这些变化，号召所有国家以更加包容和开放的态度展开合作。诚如习近平总书记所言："一花独放不是春，百花齐放春满园。世界各国联系紧密、利益交融，要互通有无、优势互补，在追求本国利益时兼顾他国合理关切，在谋求自身发展中促进各国共同发展，不断扩大共同利益汇合点。要加强南南合作和南北对话，推动发展中国家和发达国家平衡发展，夯实世界经济长期稳定发展基础。要积极创造更多合作机遇，提高合作水平，让发展成果更好惠及各国人民，为促进世界经济增长多作贡献。"[①] 习近平总书记以开放思维和国

---

① 习近平：《共同创造亚洲和世界的美好未来——在博鳌亚洲论坛 2013 年年会上的主旨演讲》，人民出版社 2013 年版，第 5 页。

际视野，延伸和扩展了时代主题的内涵，认识到合作成为世界发展的主流趋势。

（二）全球治理体系：应对共同问题

在和平、发展、合作的时代主题下，全球性问题日益突出，需要国家间加强共同治理的能力。当代国际社会面临的全球性问题不仅仅是和平与发展、南北关系、环境污染等问题，还包括生态失衡、网络安全、资源短缺、国际恐怖主义、跨国犯罪以及信仰危机等一系列关系到整个人类生存与发展的严峻问题。若这些问题不解决，则会严重妨碍全球社会和经济的发展。在全球化环境下，一国处理问题的国内政策会产生跨国界的溢出效应，以邻为壑会引发更多矛盾和冲突，而同舟共济则使得各国都能受益。因此，在全球化日益发展的今天，国家间相互依赖达到前所未有的水平，没有任何一个国家或国家集团可以独自解决全球化带来的问题。如何同舟共济，协同处理国际问题，已经摆在世界各国的面前。

随着全球发展融合进程不断加快，当前国与国之间在深度交往中理性应对矛盾，妥善处理双方纠纷，就需要变革全球治理体制，建立更加公正合理的全球治理体系，弘扬共商共建共享的全球治理理念。一国的安全并不安全，只有普遍的安全才是真正的安全。只有在各国的共同努力下，建立一系列完善的管理机制、治理机制，才可以使共同的利益得以实现，进而实现各个国家的更好发展，才可以使世界长期处于和平发展的良好态势。

习近平总书记指出："面对世界经济的复杂形势和全球性问题，任何国家都不可能独善其身、一枝独秀，这就要求各国同舟共济，在追求本国利益时兼顾他国合理关切，在谋求本国发展中促进各国共同发展，建立更加平等均衡的新型全球发展伙伴关系，增进人类共同利益，共同建设一个更加美好的地球家园。"① 习近平总书记强调，求和平，谋发展，促合作，图共赢，要运用开放思维与国际视野，共同解决全球性问题。

（三）交流互鉴：文明发展的内在要求

文明交流是指不同社会文明群体之间平等、友好并以客观公正态度来从事双方主体或多方主体之间的交往活动过程，是人类文明史的发展主流。文明互鉴表现为不同文明之间的对话、交流，相互借鉴与融合。世界是丰富多彩的，文明是多元多样的。"各美其美，美人之美，美美与共，天下大同"，文明相处需要和而不同的精神。不同文明凝聚着不同民族的智慧和贡献，只有在多样中相互尊重、彼此借鉴、和谐共存，这个世界才能丰富多彩、欣欣向荣，正所谓"五色交辉，相得益彰；八音合奏，终和且平"②。

现阶段，文化差异等各种问题充斥各国，而且随着全球一体化发展进一步加速，问题将进一步凸显。因此，各国如何实现共赢，寻求最大利益，需要达成共同合作认识，形成各民族国家在解决全球性问题过程中通力合作的世界观念，从而为各方合作奠定坚实基础。习近平总书记从尊重文化多样性的基础上，提出文化的交流既需要理解和尊重，也需要超越偏见和误解。文明多样性是人类社会的客观现实，是当代世界的基本特征。意识形态、社会制度、发展

① 《习近平同外国专家代表座谈时强调：中国是合作共赢倡导者践行者》，《人民日报》2012年12月6日。

② 习近平：《弘扬丝路精神，深化中阿合作》，在中阿合作论坛第六届部长级会议开幕式上的讲话，2014年6月5日。

模式的差异，不应成为人类文明交流的障碍，更不能成为相互对抗的理由。我们应该积极维护文明多样性，推动不同文明对话交流，相互借鉴而不是相互排斥，让世界更加丰富多彩。①

文化融合已经成为一种趋势和必然，所有民族都要以开放、兼容的心态来面对其他文化，只有文化之间不断融合，才能实现自身民族文化的发展与进步。在多元文化的今天，任何一个成熟的民族和国家，要想妥善处理自身发展与世界局势的关系，都需要站在全球化的视角和高度，通过共同理解，实现真正的"求同存异"。习近平总书记在第70届联合国大会讲话中，明确提出"和平、发展、公平、正义、民主、自由，是全人类的共同价值"，就是要为多元化、全球化的交往实践提供一种"托底"的价值平台。甚至共同价值的提出本身就包含着反对霸权主义、强权主义、专制掠夺的实践内容。当然，我们构建全球统一的共同价值体系并不是以牺牲和消除民族乃至个体的价值观为代价的，而是要以这些特殊价值作为自己赖以存在的基础。

（四）中国方案：大国的责任担当

经过近40年的改革开放实践，中国的发展取得了令世界瞩目的成就，中国的开放进入了高层次的、广阔性的、全方位的境界，也能够为世界当前局势及时代特点探寻正确合理的方向和内涵，引导全球治理的走向。习近平总书记在2016年新年贺词中提出："我们只有一个地球，这是各国人民共同的家园……世界那么大，问题

---

① 习近平：《加强文化交流　促进世界和平》，《习近平同志在第六十一届法兰克福国际书展开幕式上的致辞》，2009年10月13日。

那么多，国际社会期待听到中国声音、看到中国方案，中国不能缺席。"中国不能缺席，亮明了全球治理的中国自信。这种自信，源于中国的道路自信、理论自信、制度自信和文化自信。中国走出了一条符合自身国情的发展道路，探索出了一条既具有中国特色又具有普遍世界意义的工业化、城镇化及市场经济模式，中国的发展道路、发展模式，在客观上鼓励越来越多的国家走符合自身国情的发展道路。中国提出实现中华民族伟大复兴的中国梦，正在激励越来越多的国家实现他们追求美好生活的梦想和人类文明共同复兴的愿望。

中国是现有全球治理体系的主要受益者，是体系的捍卫者、建设者和贡献者，中国要继续积极推动二十国集团、金砖机制、上海合作组织、亚投行、新开发银行等新型国际机制和制度的发展，倡导国际关系民主化和合作共赢、共同发展的全球治理新模式，以给予发展中国家更多的话语权和决策权，完善全球治理体系①。中国有责任为世界提供与时俱进的"全球公共产品"，包括为全球治理提出中国的思想、选择、路径和方案，以推动国际关系民主化，建立平等互利、合作共赢的新型国际合作模式，为促进世界经济增长、完善全球治理体系作出贡献。

第一，中国更全面、更深入、更有力地参与到全球治理过程中，提供具有中国特色的全球治理理念。比如，在发展问题上，2015 年习近平总书记在联合国发展峰会上，倡导各国共同走出一条公平、开放、全面、创新的发展之路，这是党的十八届五中全会提出的创新、协调、绿色、开放、共享五大发展理念在国际发展领

---

① 《习近平接受拉美四国媒体联合采访》，《人民日报》2014 年 7 月 15 日。

域的生动体现，反映了当代中国的国际发展观。在网络问题上，中国提出坚持以人类共同福祉为根本，坚持网络主权理念，推动全球互联网治理朝着更加公正合理的方向迈进，推动网络空间实现平等尊重、创新发展、开放共享、安全有序的目标。尤其是在 2016 年的二十国集团杭州峰会上，中国推动各方把创新和结构性改革作为开创世界发展新局面的主线，首次把发展议题置于全球宏观政策协调的突出位置，首次形成全球多边投资规则框架，首次发布气候变化问题主席声明，首次把绿色金融列入二十国集团议程，有力扩大了中国五大发展理念的国际影响力。

第二，中国实践是自主开放型现代化道路的生动诠释。不少发展中国家在走向现代化过程中，深受西方国家支配，被西方的价值观外交所主导，失去了道路的自主性，并因此失去了向现代化迈进的时机。中国实践的成功在于将自主与开放紧密结合起来。自主意味着不为其他国家的观念所迷惑和干扰，根据自己国情一步一步地踏实向前走；开放意味着不能故步自封，应立足全球视野，融入全球先进文明的潮流。

第三，中国实践是后发国家发挥后发优势的有力展现。后发优势是落后国家在实现工业化、现代化过程中所拥有的特殊优势，它表明在实现现代化过程中，由于有早发现代化国家成功经验的"示范作用"和逐渐积累起来的科学技术等现代化文明成果可供借鉴，后发国家可以以相对较短的时间完成现代化的进程。中国的改革开放在较大程度上也得益于后发优势，如借鉴和模仿了西方发达国家的市场经济制度，加速了我国的市场化进程；大量吸引外资，促进了我国的资本积累。中国的实践展现，对落后国家或地区而言，在经济全球化时代，只有充分利用后发优势，才有可能实现经济的跨越式发展。

第四，中国实践是发展型社会主义的成功实践。英国学者唐纳德·萨松把不发达国家建立的社会主义称为"发展型的社会主义"，认为资本主义条件下的社会主义是为了改造工业社会，属于调节型社会主义，而俄国、中国这样的落后国家，社会主义的实际任务包括建设工业社会，社会主义成为"发展"本身的一个工具。[①] 在这一背景下，实行社会主义的国家普遍对"什么是社会主义、怎样建设社会主义"进行过思考和探索，但失败教训多于成功经验。中国是成功的典范，展示了落后国家如何走出符合自身实际的社会主义道路。

三、树立人类命运共同体意识

"人类命运共同体"是指在追求本国利益时兼顾他国合理关切，在谋求本国发展中促进各国共同发展。"人类命运共同体"是在开放思维指导下形成的崇高理念，顺应了各国相互依存日益深化的时代潮流，已经成为中国外交工作的核心概念和根本战略。"人类命运共同体"展示出一种全球性思维，反映了中国人民和世界人民的共同心愿。

（一）"人类命运共同体"概念的提出与深化

早在 2011 年，《中国的和平发展》白皮书中就提出："不同制

———————

① ［英］唐纳德·萨松：《欧洲社会主义百年史》，庞晓明等译，社会科学文献出版社 2008 年版，中文版序言第 2 页。

度、不同类型、不同发展阶段的国家相互依存、利益交融，形成'你中有我、我中有你'的命运共同体。"党的十八大强调"要倡导人类命运共同体意识"。2013 年 3 月 23 日，习近平总书记在莫斯科国际关系学院发表演讲，首次在国际场合向世界提出"命运共同体"这一概念。2013 年 4 月 7 日，习近平总书记在出席博鳌亚洲论坛年会发表主旨演讲时再次强调："人类只有一个地球，各国共处一个世界。共同发展是持续发展的重要基础，符合各国人民长远利益和根本利益。我们生活在同一个地球村，应该牢固树立命运共同体意识。"2013 年 10 月 3 日，习近平总书记在印度尼西亚国会发表重要演讲，提出建设"中国—东盟命运共同体"。2014 年 11 月 28 日，习近平总书记在中央外事工作会议上强调要切实抓好周边外交，打造"周边命运共同体"。2015 年 3 月，习近平总书记再度出席博鳌亚洲论坛，作了题为《迈向命运共同体，开创亚洲新未来》的演讲，明确提出要构建"亚洲命运共同体"，希望通过建立"亚洲命运共同体"迈向"人类命运共同体"。2017 年 1 月 18 日，习近平总书记在日内瓦万国宫出席"共商共筑人类命运共同体"高级别会议，并发表题为《共同构建人类命运共同体》的主旨演讲，从伙伴关系、安全格局、经济发展、文明交流、生态建设等方面提出构建人类命运共同体的努力方向。近年来，习近平总书记在国际国内重要场合多次谈及"命运共同体"，以深远的历史眼光、宽广的开放思维，为世界和平发展指明了正确方向，使"命运共同体"概念深入人心。

（二）人类命运共同体的含义与特征

习近平总书记在莫斯科国际关系学院演讲时首次向世界传递：

"这个世界，各国相互联系、相互依存的程度空前加深，人类生活在同一个地球村里，生活在历史和现实交汇的同一个时空里，越来越成为你中有我、我中有你的命运共同体。""人类命运共同体"是一个内涵与外延不断深化的概念。从地域来看，我们提出了中华民族内部、双边、地区、全球四个层面构建"命运共同体"的倡议。从涉及的领域来看，"人类命运共同体"理念包含求同存异、对话协商的政治道路，命运与共、唇齿相依的安全格局，合作共赢、共同发展的经济前景，彼此包容、交流互鉴的文明气象。此外，还包括各种全球问题的共同应对、合作治理。如2015年11月30日，习近平总书记在巴黎气候大会开幕式上发表讲话，强调"应对气候变化的全球努力是一面镜子，给我们思考和探索未来全球治理模式、推动建设人类命运共同体带来宝贵启示"。2015年12月16日，习近平总书记在第二届世界互联网大会开幕式上发表主旨演讲时强调，各国应该共同构建网络空间命运共同体，推动网络空间互联互通、共享共治。

人类命运共同体包含几个基本特征。一是人类命运共同体意味着维护全人类共同的根本生存利益。人类命运共同体最基本的是维护和平与安全的环境，习近平总书记强调国家之间要构建对话不对抗、结伴不结盟的伙伴关系。大国要尊重彼此核心利益和重大关切，管控矛盾分歧，努力构建不冲突不对抗、相互尊重、合作共赢的新型关系①。二是人类命运共同体意味着全人类共同的经济发展利益。在经济全球化时代，国家相互依赖程度极大加深，国家间整

---

① 习近平：《共同构建人类命运共同体——在联合国日内瓦总部的演讲》，2017年1月18日。

体发展命运相互交织，只有整体的共同的发展才能确保个体的发展不被影响和打断。三是人类命运共同体意味着在一些全球性问题上世界共同分享一些重要的观念，形成共同价值，如"相互依存的国际权力观、共同利益观、可持续发展观和全球治理观"①。人类命运共同体的建成需要超越个别国家利益的狭隘眼光，运用放眼全球的开放思维，提出对全人类的终极关怀。人类命运共同体是全人类共同的精神家园，不仅是利益共同体，更是一种情感共同体。

（三）构建人类命运共同体的中国实践

习近平总书记在联合国日内瓦总部演讲中指出："构建人类命运共同体，关键在行动……国际社会要从伙伴关系、安全格局、经济发展、文明交流、生态建设等方面作出努力。"中国正是以大国责任和担当，在构建人类命运共同体过程中率先作出示范。

（1）构建平等相待、互商互谅的新型国际关系。中国致力于构建不冲突不对抗、相互尊重、合作共赢为内涵的新型大国关系。与美国、俄罗斯、欧盟等国家的领导层会晤对话机制不断完善，经贸合作关系的不断升级，推动着大国合作向全方位、宽领域、多层次的方向发展，推动在全球建立命运的共同体。同时，作为和平崛起的新兴国家，中国强调始终维护发展中国家利益，坚持"走出去"的发展战略，处理好与发展中国家的关系。本着构建人类命运共同体的指导思想，近年来中国与发展中国家和地区广泛开展合作，取得了一系列丰硕成果。总而言之，中国在世界范围内建立平等相待、互商互谅的伙伴关系，走出一条"对话而不对抗，结伴

---

① 曲星：《人类命运共同体的价值观基础》，《求是》2013 年第 4 期。

而不结盟"的国与国交往新路。

（2）坚持多边主义，倡导新型安全观。世界和平是全人类的共同期盼，也是世界各国同心协力、不断为之奋斗的伟大事业。随着全球政治经济一体化的迅速发展和国际多极化趋势不断加强，世界的和平安全则需要各国的共同合作。传统的安全观强调军备的加强和军事联盟的巩固，历史证明，这并不能保障国际安全，更不能实现世界的持久和平。世界各国都有获得安全的合法权利，武力不是解决国际争端的合法手段，也无法保障自身的绝对安全。多边主义和多边外交的兴起，为世界各国的合作提供了共同制度框架，协商谈判成为解决全球公共问题的最佳方式。中国积极倡导共同、综合、合作、可持续安全的新安全观，是对世界和平与发展理论的积极贡献，有利于世界各国发扬团结合作、同舟共济精神，推进政治互信和安全合作，有利于实现世界各国的共同安全、共同发展、共同繁荣，在新时期促进世界和平与发展、构建人类命运共同体方面发挥着重要作用。2015 年 9 月，习近平总书记出席联合国维和峰会并发表讲话，他指出，中国作为联合国安理会常任理事国，参加维和行动已经 25 年，成为维和行动主要出兵国和出资国。

（3）建立国际新秩序，促进共同发展。当今世界的主题是和平与发展。和平是保障，发展是根本，两者相辅相成。但是，资金匮乏、政局动荡等不利因素以及国际旧秩序的存在严重阻碍着发展中国家和地区的发展。建立国际政治经济新秩序，推动发展中国家和地区加快发展，促进世界各国共同发展是构建命运共同体的应有之义。构建人类命运共同体，就必须同世界各国一道努力改革国际旧秩序，营造出一个公平、公正、开放包容的国际政治经济新秩序。在联合国成立 70 周年的发展峰会上，习近平总书记倡导世界各国"共同走出一条公平、开放、全面、创新的发展之路，努力实现各国共同发展。"他强调要提高发展中国家代表性和发言权，各国应平等地参与国际规则的制定，不断完善全球治理机制；各国要共同维护多边贸易体制，互相借鉴发展经验，构建开放型经济，实现全球经济发展的共商、共建、共享；各国要以改革创新促进发展，充分释放发展潜力，培育核心竞争力；要不断增强各国发展能力，改善国际发展环境，优先发展伙伴关系，健全发展协调机制；要秉持"义利相兼、以义为先"的原则，在加强南南合作的同时，发达国家应尊重和照顾发展中国家的利益和需求，提供不附加任何政治条件的援助，加强南北之间的对话与合作，促进商品、贸易、资本等主要领域的调整与改革。在二十国集团领导人杭州峰会上，中国首次将发展问题置于全球宏观政策框架的突出位置。从"欢迎各国搭乘中国发展'顺风车'"的开放姿态，到设立中国—联合国和平与发展基金、中非"十大合作计划"……真正让"一个都不能少"的全球可持续发展目标落到实处。

（4）实现多种文明兼容并蓄和交流互鉴。谋求文明的多样性，需要坚持开放包容、兼容并蓄的文明观。在漫长的历史长河中，人类创造出了多姿多彩的文明，各有自己的特点和长处，虽然有着历史长短发展快慢之分，但无高低优劣之别，都为人类社会的进步作出了自己的贡献。中国坚持和倡导不同文明的交流互鉴，也希望为之而作出自己的不懈努力。2014年3月27日，习近平总书记在巴黎联合国教科文组织总部发表重要演讲，全面深刻阐述对文明交流互鉴的看法和主张，强调应该推动不同文明相互尊重、和谐共处，让文明交流互鉴成为增进各国人民友谊的桥梁、推动人类社会进步的动力、维护世界和平的纽带，这是当代中国领导人首次系统提出对世界文明的看法，指出文明有多彩性、平等性以及包容性。我们要本着开放包容的精神，求同存异，尊重各个国家在历史发展道路上作出的制度和发展模式的选择。历史与现实已经证明，不同文明间的相互歧视、相互排斥甚至强求同化，不仅无益于人类文明的进步与发展，更导致了矛盾的激化引发人类社会的动荡。相反，开放包容、兼容并蓄的文明观，推动着文明交流互鉴，丰富着各国人民的精神生活，也使得人类社会发展时刻充满着创新力。

（5）推动全球生态文明建设。2013 年 10 月 7 日，习近平总书记在亚太经合组织工商领导人峰会上的演讲时强调："我们不再简单以国内生产总值增长率论英雄，而是强调以提高经济增长质量和效益为立足点。事实证明，这一政策是负责任的，既是对中国自身负责，也是对世界负责。"中国承诺，将于 2030 年左右使二氧化碳排放达到峰值并争取尽早实现，2030 年单位国内生产总值二氧化碳排放比 2005 年下降 60%—65%，非化石能源占一次能源消费比重达到 20% 左右，森林蓄积量比 2005 年增加 45 亿立方米左右。气候变化《巴黎协定》落槌生效，时任联合国秘书长潘基文称赞中国为协定的达成、巴黎气候大会的成功作出了历史性贡献。"十三五"规划中，中国把生态文明建设作为重要内容，践行"人与自然和谐相处"的绿色发展理念。如同联合国开发计划署署长克拉克所说："中国与其合作伙伴能够共享和平与繁荣，这就是命运共同体。"

四、实行互利共赢的对外开放战略

世界新格局和新形势下，进一步扩大开放，既面临机遇，也需要应对挑战。习近平总书记多次强调，要坚持从中国实际出发，坚定不移走自己的路，同时要树立世界眼光，更好地把国内发展与对外开放统一起来，把中国发展与世界发展联系起来，把中国人民利益同各国人民共同利益结合起来，实行互利共赢的对外开放战略。

（一）新形势下互利共赢开放战略的提出

开放是国家繁荣发展的必由之路，以世界眼光审时度势、在全球范围谋篇布局，是走上世界舞台的中国必然的选择。中国持续30多年的迅速发展，得益于对外开放。"开放"作为核心发展理念之一，将为中国经济改革发展提供永续动力。互利共赢开放战略是新世纪新阶段党中央立足于全球视野，基于对中国改革开放近40年来经济社会发展经验的科学总结，在客观分析当今世界和当代中国发展大势的基础上，提出的一项用来指导中国外向型经济科学发展的重大理论创新。互利共赢开放战略的形成标志着我国的对外开放提升到了一个新的战略高度。

党的十一届三中全会标志着中国进入了对外开放的初始探索阶段。这一时期的对外开放政策主要以让利的方式吸引国外资本与先进技术，并以试点形式逐步推广扩大。通过在税收、土地等政策上提供优惠，满足国内发展的需要，并换取长期、宝贵的成功经验。党的十四大提出实行社会主义市场经济体制改革，对外开放进入全方位、"引进来"与"走出去"并举、互利发展的新阶段。随着加入世贸组织，我国对外开放战略也由互利发展走向合作共赢。加入世贸组织不仅深化了我国与世界的相互依赖关系，我国在实现国内经济发展的同时，国际社会也从我国发展中获益，我国对外开放的互利共赢诉求更加明朗。30多年改革开放的成功经验，催生了互利共赢的开放战略，并于 2005 年被正式纳入国家发展规划。党的十六届五中全会在"十一五"规划中明确提出，实行互利共赢的开放战略，统筹国内发展和对外开放，不断提高对外开放水平，增强在扩大开放条件下促进发展的能力，首次以官方文件形式明确了在经济全球化背景下对外开放战略的指导方针——互利共赢。

党的十八大以来，以习近平同志为核心的党中央准确把握和平、发展、合作、共赢的时代潮流和国际大势，从中国特色社会主义事业"五位一体"总体布局的战略高度，从实现中华民族伟大复兴中国梦的历史维度，以开放促改革、促发展、促创新，加快建设开放型经济强国，谱写了中国与世界互利共赢的新篇章。党的十八大提出"中国将始终不渝奉行互利共赢的开放战略，通过深化合作促进世界经济强劲、可持续、平衡增长。"党的十八届五中全会将开放发展作为五大发展理念之一，强调"坚持开放发展，必须顺应我国经济深度融入世界经济的趋势，奉行互利共赢的开放战略，发展更高层次的开放型经济，积极参与全球经济治理和公共产品供给，提高我国在全球经济治理中的制度性话语权，构建广泛的利益共同体。"改革开放以来，从建立经济特区，到推动对外贸易、利用外资，再到加入世贸组织，中国发展的历程也是对外开放不断扩大和深化的历程。现阶段着力实现合作共赢，注重的是解决发展内外联动的问题，丰富对外开放内涵，提升对外开放水平，为发展注入新动力、增添新活力、拓展新空间。

（二）互利共赢开放战略的内在要求

互利共赢是经济全球化背景下我国主动承担国际责任的大国开放战略，是改革开放过程中协调国内改革与对外开放的统筹开放战

213

略，也是国际交往中兼顾本国利益与伙伴国利益的互利共赢战略。这是互利共赢开放战略的内在要求。

一是创新对外开放的思维方式。从最初对外开放到利用"两种资源、两个市场"，再到互利共赢，我国的对外开放战略处于不断完善之中。互利共赢是新时期我国坚持和深化对外开放的智慧结晶，是对国家"大经贸战略""走出去、引进来战略""市场多元化战略"的发展与完善，体现了我国对外开放实践中的理论创新。我国早期的对外开放着眼于抓住外部机遇，促进国内经济发展，忽视了对国际社会的责任，也引发了一系列国际问题。同时，随着经济快速发展，国家综合实力逐步提升，国际社会要求我国承担更大责任的呼声日益高涨。互利共赢充分表明我国对外开放兼顾国家利益与伙伴国利益、国内市场与国际市场、中国和平发展与国际社会稳定等双重利益。我国要成为世界性大国，进而走向世界性强国，必须长期坚持互利共赢的开放战略。

二是对外开放由数量扩张向质量提高。中国已经成为世界上吸引外资最大的出口国、第二大货物贸易进口国，进口和出口加在一起，是世界最大的贸易体。2014 年，中国吸引的外商直接投资超过美国，成为世界上吸引外资最多的国家；中国同时也是世界上第三大对外投资国。同时，面对中国经济发展中遇到的增长质量不高、自主创新能力不强、资源环境压力过大、区域发展不均衡等问题，以数量增长为主的开放战略是不可持续的。因此，互利共赢的新型对外开放战略必然要求提升对外开放的质量，加快外贸增长方式的转变，创新利用外资方式和对外投资的合作方式，防范国际经济风险，开展多层次的国际技术和能源合作，等等。

三是统筹国内改革与对外开放。在我国的改革开放历程中，国内改革和对外开放是辩证统一的关系。国内改革为对外开放的发展提供了必要的制度保证，推动了对外开放的深化发展。同时，对外开放的深化也促进了国内经济改革，加入世贸组织后，我国为履行相关承诺，加速了国内经济改革进程。以改革促开放，用开放推动改革成为我国改革开放的成功经验。互利共赢的开放战略是这一成功经验的继承和发展。互利共赢战略明确强调我国在对外开放过程中要"内外联动"。内外联动突出国内经济改革与对外开放的协调均衡，对外开放的速度不能超过国内改革所能承受的限度，国内改革也应充分利用对外开放所带来的机遇与经验。这一战略要求把国家整体利益放在首位，以实现国家利益为基础，在保证国内经济改革稳定进行的前提下，发展开放型经济，推动实现国内与国际统筹发展。

四是兼顾本国利益和别国利益。互利共赢的开放战略不同于新老殖民主义扩张掠夺式的对外战略，也不同于零和博弈、赢家通吃的自利独赢策略，而是一种新型的合作开放战略，其核心是在满足本国利益时，兼顾其他国家的利益。按照国际经济学的一般原理，商品与服务的自由交换有利于增加贸易双方整体利益。但是，一国通过对外贸易增加的福利总数在内部不同群体的分配是不均衡的，在贸易中受损的群体往往通过施加政治压力阻碍贸易的自由化和便利化，因此，国家间的经济往来在增进彼此利益的同时总是伴随着争端与摩擦。实践表明，中国实行的互利共赢开放战略是稳定国际经济关系的重要手段，强调以开放的全球性战略眼光考察国际经济环境，不以牺牲他国利益和长远利益为代价，提倡国家之间通过谈判协商与长期合作，解决贸易争端。在处理经济贸易摩擦过程中，避免采取贸易报复手段，主张借助世贸组织等多边谈判机制，并参与多边贸易体制规则的制定，以沟通协商方式解决问题，以实际表现消除国际社会对中国崛起的担忧，构建平等和谐的国际经贸关系。

（三）中国互利共赢对外开放战略的实施重点

（1）建设"一带一路"，设立自由贸易试验区。改革开放30多年来，经过地域上从南到北、由东到西的逐步开放，产业上从制造业到服务业的依次开放，我国基本形成全方位对外开放格局。面对国际区域经济一体化蓬勃发展、欧美一些国家试图重塑国际经贸规则的重大变化，以及我国到2020年全面建成小康社会的历史重任，习近平总书记果断提出加快推进丝绸之路经济带和21世纪海上丝绸之路建设，设立自由贸易试验区，形成了21世纪中国走向世界的对外开放新格局。

"一带一路"建设连通全球经济增长最具潜力的东亚、东南亚、南亚、中东、非洲地区，连通亚欧大陆，将有力推动我国和沿线国家联动发展。自由贸易试验区的历史使命是通过对外开放促进国内经济体制改革，形成在全国可复制、可推广的体制机制，以国内自贸区建设对接国际自贸区谈判，为建设面向全球的高标准自由贸易区网络打好基础。

建设"一带一路"、设立自由贸易试验区，不仅具有协调区域发展、促进可持续发展、实现共同富裕的经济意义，而且具有维护社会稳定、促进民族团结和保障国家安全的政治意义。

（2）以开放促改革和开发，构建开放型经济新体制。制度环境影响着开放的程度和进度，要主动与国际规则接轨，畅通制度，创新体制。在中央全面深化改革领导小组第十六次会议上，习近平总书记强调："提高利用国际国内两个市场、两种资源的能力，要牢牢抓住体制改革这个核心，坚持内外统筹、破立结合，坚决破除一切阻碍对外开放的体制机制障碍，加快形成有利于培育新的比较优势和竞争优势的制度安排。要从制度和规则层面进行改革，推进包括放宽市场投资准入、加快自由贸易区建设、扩大内陆沿边开放等在内的体制机制改革，完善市场准入和监管、产权保护、信用体系等方面的法律制度，着力营造法治化、国际化的营商环境。""十三五"规划建议指出："秉持亲诚惠容，坚持共商共建共享原则，完善双边和多边合作机制，以企业为主体，实行市场化运作，推进同有关国家和地区多领域互利共赢的务实合作，打造陆海内外联动、东西双向开放的全面开放新格局。""形成对外开放新体制。完善法治化、国际化、便利化的营商环境，健全有利于合作共赢并同国际贸易投资规则相适应的体制机制。"

（3）参与全球治理，推动建立国际经济合理规则。随着全球经济格局调整和自身经济实力提升，中国需要更加主动地发出自己的声音，积极参与全球经济治理。推动国际经济治理体系改革完善，积极引导全球经济议程，促进国际经济秩序朝着平等公正、合作共赢的方向发展，打破少数国家对全球经济法律规则的"垄断"，使规则向着更为合理均衡的方向发展。"十三五"规划建议指出："积极参与全球经济治理。推动国际经济治理体系改革完善，积极引导全球经济议程，促进国际经济秩序朝着平等公正、合作共赢的方向发展。"金砖银行和亚投行合作机制以及新丝绸之路的总体思路都充分显示了21世纪中国推动建立国际经济合作的新规则，那就是维护国家的主权、安全和发展利益，加强同发展中国家的合作，维护发展中国家的正当权益，促进中国与广大发展中国家的共同振兴。

（4）在走出去战略中完善对外援助方式，促进世界可持续发展。提供对外援助、参与全球治理为中国的治理改革提供了一个有益的经验分享和相互学习的平台。一方面，中国可以通过受援国对中国治理经验的评价与不同看法来反观自身。由于同属后发展国家，受援国对中国政治改革的意见相对于西方国家更加务实、更加去意识形态化。中国可以一个开放大国的心态，兼容并蓄，对自身的治理经验进行反思与修正。另一方面，中国也可以在同发展中国家的互动中，学习和借鉴他国的治理经验。中国坚持扩大对外援助规模，完善对外援助方式，为发展中国家提供更多免费的人力资源、发展规划、经济政策等方面咨询培训，扩大科技教育、医疗卫生、防灾减灾、环境治理、野生动植物保护、减贫等领域对外合作和援助，加大人道主义援助力度。主动参与 2030 年可持续发展议程。习近平总书记指出："要把落实可持续发展议程纳入各自国家发展战略，确保有效落实。要建立全面发展伙伴关系，调动政府、企业、民间等各方面力量，为落实可持续发展议程作出贡献。要推动包容和谐发展，尽早实现可持续发展议程设定的各项指标，同时通过落实可持续发展议程，为提升发展质量和效益创造新的空间、实现相互促进。"

后　记

习近平总书记指出，我们的领导干部要正确判断形势，在错综复杂的形势变化面前保持头脑清醒，坚定理想信念，科学分析我国发展面临的机遇和挑战，全面看待前进道路上的主流和支流、出现的矛盾和问题，都离不开马克思主义哲学的指导，离不开辩证唯物主义和历史唯物主义的思想方法。学好马克思主义哲学，把思想方法搞正确，增强工作中的科学性和全面性，才能不断开创各项工作的新局面。中央政治局两次集体学习马克思主义哲学，充分说明了习近平总书记和党中央对思想方法和工作方法问题的高度重视。深入学习习近平总书记治国理政思想，最根本的是学习其中所贯穿的科学世界观和方法论，自觉运用马克思主义的基本立场、观点和方法分析问题、解决问题和指导工作。为了深入研究和领会习近平总书记治国理政的思想方法和工作方法，我们组织编写了本书。

本书由中共中央党校哲学教研部副主任董振华教授担任主编，负责全书的提纲和总体框架的设计。古荒同志担任副主编，协助主编做了大量的组稿和统稿工作，同时邀请中共中央党校、高等院校和党政机关的一批从事理论研究和实际工作的优秀学者参与撰写。具体分工如下：董振华、王宜科（序言、第一讲）、杨振闻（第九讲）、谷耀宝（第八讲）、古荒（第二讲、第七讲）、杨启国（第六讲）、覃正爱（第三讲）、潘静（第五讲）、唐立平（第四讲）、黄琦（第十讲）。由于本书所涉及的问题重大，内容丰富，范围广泛，在编写过程中，我们广泛听取了各方面专家学者的意见和建议。他们从材料的选择，研究的角度、思路等方面提出了许多宝贵的意见，同时我们也参考了中央以及地方各主流媒体的一些理论文章，在这里一并致谢！

最后我们诚恳地指出，本书作为一本研究习近平总书记治国理政思想方法论的探索性著作，涉及方面相当广泛，需要相当深厚的理论功底和坚实的实践基础作为支撑，而我们的水平和能力有限，不当之处在所难免，我们恳请广大读者和有关专家不吝指教！

作　者

2017 年 8 月

责任编辑：王世勇

图书在版编目（CIP）数据

治国理政思想方法十讲/董振华等 著. —北京：人民出版社，2017.9
（2020.4 重印）
ISBN 978－7－01－018085－4

Ⅰ.①治…　Ⅱ.①董…　Ⅲ.①中国共产党-执政-思想方法-研究
Ⅳ.①D25

中国版本图书馆 CIP 数据核字（2017）第 203821 号

治国理政思想方法十讲
ZHIGUO LIZHENG SIXIANG FANGFA SHIJIANG

董振华 等 著

人民出版社 出版发行
（100706　北京市东城区隆福寺街 99 号）

环球东方（北京）印务有限公司印刷　新华书店经销

2017 年 9 月第 1 版　2020 年 4 月北京第 2 次印刷
开本：710 毫米×1000 毫米 1/16　印张：14
字数：160 千字

ISBN 978－7－01－018085－4　定价：58.00 元

邮购地址 100706　北京市东城区隆福寺街 99 号
人民东方图书销售中心　电话（010）65250042　65289539